JIANMEI ZENGJI YU JIANFEI

健美增肌与减肥

王红英 编著

厦门大学出版社 国家一级出版社
XIAMEN UNIVERSITY PRESS 全国百佳图书出版单位

图书在版编目(CIP)数据

健美增肌与减肥/王红英编著.—厦门:厦门大学出版社,2020.11
ISBN 978-7-5615-7957-2

Ⅰ.①健… Ⅱ.①王… Ⅲ.①健美运动—教材 Ⅳ.①G883

中国版本图书馆 CIP 数据核字(2020)第 211993 号

出 版 人 郑文礼
责任编辑 吴兴友
封面设计 李嘉彬
技术编辑 朱 楷

出版发行 厦门大学出版社
社 址 厦门市软件园二期望海路 39 号
邮政编码 361008
总 机 0592-2181111 0592-2181406(传真)
营销中心 0592-2184458 0592-2181365
网 址 http://www.xmupress.com
邮 箱 xmup@xmupress.com
印 刷 厦门市金凯龙印刷有限公司

开本 787 mm×1 092 mm 1/16
印张 10.25
插页 2
字数 207 千字
版次 2020 年 11 月第 1 版
印次 2020 年 11 月第 1 次印刷
定价 39.00 元

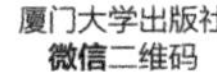
厦门大学出版社
微信二维码

厦门大学出版社
微博二维码

人体肌肉分布图

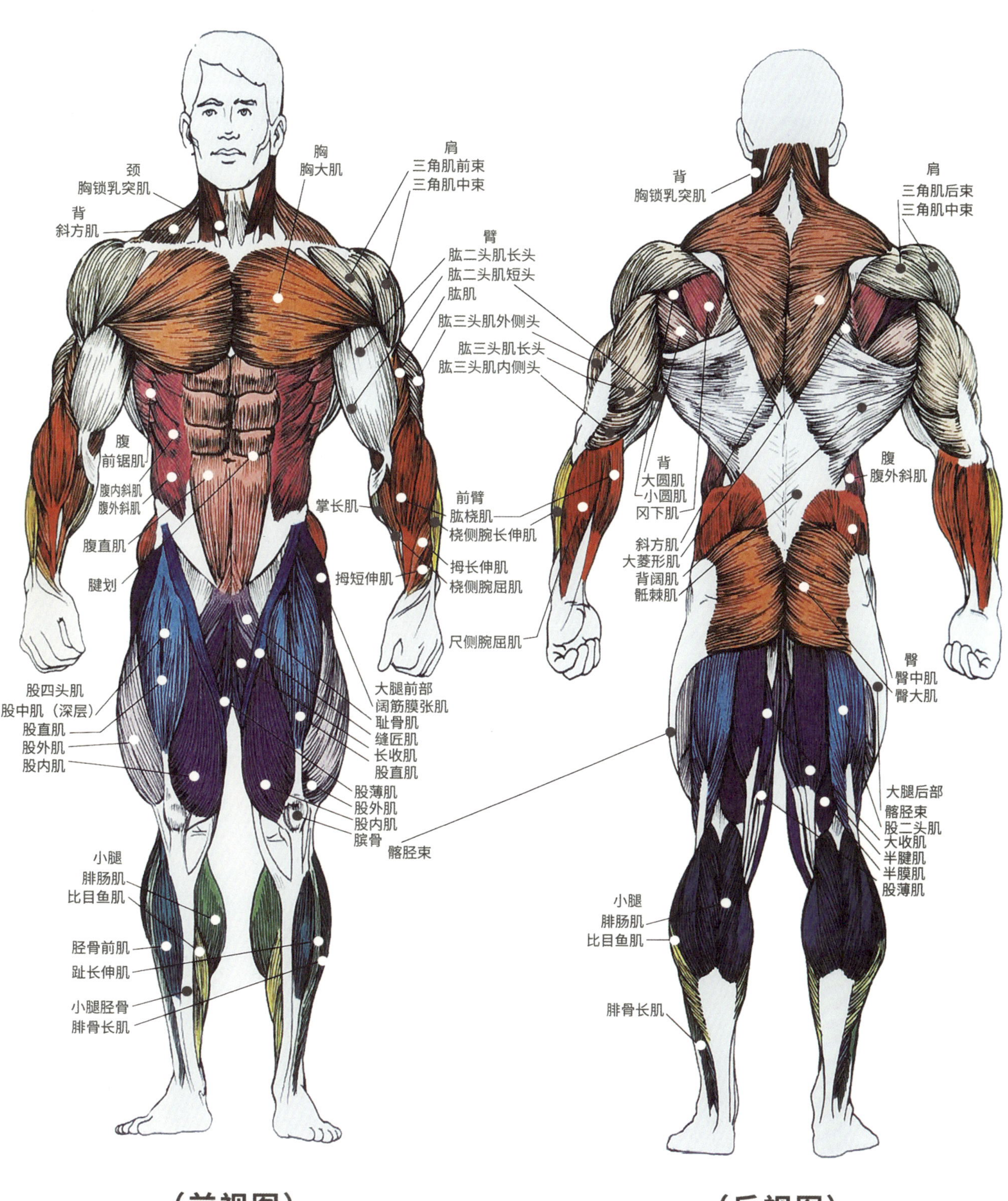

（前视图）　　　　（后视图）

前　言

很多青年男子都希望强壮健美，妙龄少女都希望自己亭亭玉立，美丽动人。在调查中发现，喜欢健身健美的大学生及社会青年越来越多，尤其是女生中参与健身的人也在不断增加。但是通过访问发现，有一半以上的男生不知道怎样科学地健身，只是对着健身器材乱练，达到出汗的目的，女生只有少数人会使用器械练习，大部分不懂如何使用器械健身，不懂如何让自己形体匀称健美。这就导致了在练习后，许多男生肌肉发达，可看着就是不美。这是因为他们不懂肌肉的基本结构和功能，不清楚自己在练哪个部位的肌肉，所以没有均衡地对身体各部位的肌肉进行练习。健美界有句话叫"匀称就是美"，这是指肌肉不仅要发达而且要匀称。有的男生不管怎么练肌肉就是不长或长得缓慢，这基本上是动作不正确所致。有的女生虽然进健身房锻炼很久了，但是没有理解健美的含义，对形体美的理解也不够，认为跑步就能减肥，减肥就是美，尤其是初次接触健美的女生总是害怕练出大肌肉块。本书旨在向健美爱好者传授健身知识，介绍如何快速增肌、减脂、塑形，更好地指导他们科学、系统地进行健身健美锻炼，少走弯路，使他们身体健康、体魄强健、形体健美。本书是健美健身工作者多年的宝贵经验的总结，具有较强的科学性、实用性、趣味性，可供健身健美爱好者参考，也适合做大专院校相关专业教材。

笔者毕业于北京体育大学，健美、举重专业，举重国际一级裁判，目前在集美大学从事健美操、举重、健美的教学工作，对减肥和力量训练颇有研究。本书文字精练，图文并茂，系统地讲述了健身增肌、减脂塑形的有效训练方法以及饮食营养等理论知识，并介绍健美大师阿诺德·施瓦辛格对全身肌肉训练的建议，以及全国健美冠军王宁的训练方法。

本教材是由编写者基于多年的教学实践经验精心撰写而成的，但难免有不足和不当之处，希望得到专家和同行的指正！

本书在编写过程中得到中国首任健美委员会副主席、北京体育大学裔程洪教授的指导，还得到 HKFBF（香港健美健身总会）国际健美邀请赛 90 公斤以上级冠军王宁，以及 HKFBF 国际健美邀请赛健身小姐冠军杨媛媛、北京航空航天大学副教授官美凤、北京健美冠军裔珊群、刘海桑的大力支持与帮助，在此表示感谢！感谢集美大学体育学院对本书出版的大力支持。

祝您健康，祝您健美！

王红英

2020 年 5 月

目 录

第一章　健美概论

一、健美概述

“美我祖国，壮我人民”是我国健美运动的宗旨，目前我国开展的健美有以下特点：

(1)运动员水平有很大提高，我国健美运动员已步入世界健美之林。女运动员中亚洲冠军张平等进入世界前十名；男运动员钱吉成为我国首位世界健美冠军，这是重大突破，是我国运动员的骄傲，是我国的骄傲。

(2)群众健身大发展，健身场所、健身器材遍地开花，全民健身形势大好。

(3)人民健康水平大大提高，由昔日“东亚病夫”到 2019 年北京人均寿命已达 80 多岁。

(4)健身产业中，喜忧参半的健身房飞速发展，中体倍力也进入我国，光北京就有 100 多所登记在册，但目前由于经营不善在走下坡路，存在问题有三：

①盲目投资；大量昂贵、功用不大的健身器材，而有实效的器材，如先进的髋部训练器却很少，简易实用的杠铃、包胶杠铃的型号和数量有限，且场地受限。

②教练水平有限，缺乏培训和考察，未能全面掌握解剖学、生理学、营养卫生、按摩及防小伤、小病的知识等。对国外先进健身理念及方法重视不够，女子健身训练花样多却无实效，特别缺乏无氧训练和有氧训练的有机结合，如小杠铃操等。

③有些健身房服务很差，存在“脏乱差”，甚至事故频繁；缺乏诚信，打价格战，互相压价，甚至闹上法庭。

希望优秀健美运动员和优秀教练员在以下几方面不断提高自己。

(1)提高理论水平。学点解剖学(起码应掌握全身八个部位肌肉的起止点和肌肉走向，如胸大肌起于锁骨内侧半、腹肌腱鞘、胸骨柄，止于肱骨大结节等)、生理学、营养学，掌握按摩、防伤、防小病等方面知识。健身房应设专家咨询处，帮助会员，服务会员。

(2)勇于实践，注意科研。我们很多教练大多是运动员出身，很懂得训练，让全身肌肉发达的方法颇多，但如何让这些经验用于学员，就需要在实践中摸索出一套方法。比如如何让消瘦者肌肉快速生长、发育？又如何让肥胖者逐步减肥？如何保证安全，如何防伤？如何根据不同对象的不同情况，如年龄大小、体质强弱、训练水平等制订合理的训练计划？

每个教练员有成千上万的学员，只要勤于动脑、勤于动手，注意科研，总结实验效果就能出成果，出科研论文。目前教练普遍不愿科研，可谓是“举起杠铃轻如毛，提起笔杆重千斤”。这种状况必须改变，教练员要文武兼备。

(3)坚决禁用“兴奋剂”，将超量恢复、超负荷、超补偿用于训练。国际上一直存在健美运动员滥用兴奋剂夺取名次，为了名利铤而走险的情况。服用兴奋剂使竞赛不公平，而且服用兴奋剂摧残运动员。兴奋剂可能造成运动员英年早逝绝不是危言耸听，望运动员坚决禁用。

(4)保证足够营养，谨慎使用各种增肌补剂。平日应多食天然高蛋白食物，如蛋白质含量极高的精瘦牛肉和鸡胸、鸡蛋，但请注意当大量食用鸡蛋(20～30 个)就是不吃含较多胆固醇的蛋黄时，也难保证全部摄入其中的蛋白质，所以我个人建议每人应考虑自己的消化、吸收能力，酌情食用，避免浪费。

服用蛋白粉等补剂的，要挑选乳清蛋白含量极高(95%以上)、成分为纯粹优质的蛋白质不加任何糖、脂肪和碳水化合物的蛋白粉。

二、健美概念

健美是通过徒手或利用各种器械，运用专门的动作方式和方法进行锻炼，以锻炼肌肉、增长体力、改善形体和陶冶情操为目的的运动项目。可以采用徒手练习，如徒手健美操、韵律操、形体操以及各种自抗力动作，也可以采用不同的运动器械进行练习，这些器材包括哑铃、壶铃、杠铃等举重器械，单杠、双杠、绳、杆等体操器械，以及弹簧拉力器、橡筋带等力量训练器械，还有功率自行车、台阶器、平跑机、划船器等有氧训练器材。

健美运动的动作方式是多种多样的，既有成套的各种徒手健美体操，也有球、棒等轻器械体操，这些主要用于女子健美训练，借以减肥和改善体形体态，提高灵活性，增强韵律感；更有许多能发展身体各部位肌肉的举重练习动作和其他动作——这些动作可用于男女强壮体魄、发展肌肉，也用于男女健美训练。

为了达到形体健美的目的，需要有专门的训练方法。采用杠铃等举重器械做各种动作时，在器械的轻重，动作的做法，安排的组数、次数，运动的速度等方面都有特殊的要求和安排。

健美运动简单易行，可有效地增强体质，锻炼全身肌肉，增强力量，提高生产劳动效率，还能改善体形、体态，陶冶情操，所以深受欢迎。在开展全民健身运动的今天，健美运动有很强的吸引力，它可以使瘦弱者变强壮，使肥胖者变结实，使少年健康成长，使老年人健康长寿。健美运动是全民健身运动的一个重要方面。它和健身息息相关，可提高人们的健康水平。

第二章　发展全身肌肉的有效动作

一、人体解剖图谱

全身的肌肉总计近600块，分布在人体的各个部位，四肢部位的肌肉所占的比重最大，约为80%。正常人的肌肉占体重的30%～40%，而经常从事体育锻炼和体力劳动的人，肌肉较为发达，可占体重的45%～55%。健美运动员因为经常进行肌肉训练，肌肉发达，脂肪较少，其肌肉可占到体重的60%左右。人体主要肌群的机能是不同的。全身肌肉分布见本书前插页。

二、如何使颈部雄健有力

头颈部雄健与否直接关系到一个人是否雄健、英武、强壮。颈部肌肉发达就显得强壮，如脖子细长则显得纤弱，所以我们要适当注意对颈部的锻炼。体胖、颈短者则应以减脂为目的进行锻炼，使颈部线条分明。

颈部的主要肌肉有一对结实、较长的胸锁乳突肌，还有夹肌、头长肌、颈长肌等。发展颈部肌肉主要有下述方法。

(一)综合力量练习架练习

1.头后伸

做法：面对器械戴上头套（或皮条），低头，头用力后伸，将头套下拴住的弹性棒向外拉开或将悬吊的重物向上拉起。这个练习做2～4组，每次做10～12次。（如图2-1、图2-2）

呼吸：抬头时吸气，低头时呼气。

作用：发展胸锁乳突肌、斜方肌上部、夹肌。

图 2-1

图 2-2

2.颈侧屈

做法：侧拉器械，戴上头套（或皮条），头正直，头向侧屈，将弹性棒（条）向外拉开。这个练习做 3～4 组，每组做 12 次左右。（如图 2-3、图 2-4）

呼吸：用力时吸气，放松时呼气。

作用：发展同侧斜上肌上部、同侧胸锁乳突肌及同侧斜角肌。

图 2-3

图 2-4

3.毛巾（或皮条）对抗练习——头手对抗

做法：两手握住毛巾（或皮条）的一头，套住头后枕部，抬头、挺胸，然后两臂用力向前下拉，而头颈则高高挺直形成僵持对抗局面，这样用力 9～10 秒，在对抗中发展颈部肌力。（如图 2-5、图 2-6）

呼吸：用力时吸气，放松时呼气。

作用：发展颈部的肌群。

图 2-5

图 2-6

三、如何使肩膀变得宽阔起来

雄健的男子都有一副宽阔的肩膀，现代女性也不需要林黛玉式的削肩，而需要肌肉丰满的双肩，因为这是健美的标志之一。决定肩膀宽度的条件有两个：一是个人锁骨的长度，二是锁骨末端附着的三角肌的丰满程度。锁骨生长可持续到 20 岁，其长度是先天条件决定的。而三角肌可以通过一些专门的练习来锻炼，三角肌发达了，即使锁骨较短也能使肩变宽起来。例如“奥林匹亚先生”拉里·斯科特天生锁骨较短其肩本不够宽，但他采用自己创造的独特方法，进行刻苦的训练，终于造就了一副杰出的双肩，荣登“奥林匹亚先生”宝座。

三角肌位于肩部，呈三角形。它是由前、中、后部的肌纤维组成的。其主要机能是使上臂屈、伸、外展、旋内和旋外，对固定肩关节有重要作用，经常锻炼它能使肩膀增宽，肩不下溜。下面分别介绍发展前、中、后三角肌的有效练习方式。

（一）发展三角肌前部的有效练习

1.直臂前平举并上举

做法：直立，两臂下垂持铃（杠铃、哑铃或杠铃片），直臂前平举静 4～6 秒再上举至直臂支撑。（如图 2-7、图 2-8）

要点：身体微前倾，完全用两臂之力上举哑铃，不得借助展体之力。

呼吸：上举时吸气，举直后呼气。

图 2-7

图 2-8

2.直臂绕环

做法:直立,两臂下垂持铃在胸前呈“十”字交叉,做胸前直臂绕环,该动作也可仰卧做。(如图 2-9、图 2-10)

要点:做直臂绕环动作时,一定不要耸肩。另外,要注意手腕的变化:掌心朝下对发展三角肌中束有利,掌心朝上则对发展三角肌前束有利。

呼吸:呼吸自然,上举时吸气,放下时呼气。

图 2-9

图 2-10

3.斯科特举

这是“奥林匹亚先生”拉里·斯科特独创的一个动作。由于坚持刻苦练习该动作,他的肩部特别发达,这也弥补了他本人的先天不足而使他成为世界冠军。

做法:双手持哑铃于胸前,掌心相对,然后肘部向侧后方摆动,使掌心向前,再向前夹肘至胸前。(如图 2-11、图 2-12)

要点:哑铃向侧后方舞动时速度要慢,高度约同头高,不要超过头高,回摆时要特别注意三角肌前部用力收缩。

呼吸：向侧后摆动时吸气，前摆时呼气。

图 2-11　　图 2-12

4.哑铃侧前平举

做法：站立时两臂稍稍分开，两手握哑铃同时向一侧挥摆到水平面位，两臂成拉弓姿势，然后慢慢放下哑铃，再向另一侧挥摆，交替进行。练习时注意节奏，掌心始终朝下。(如图 2-13、图 2-14)

要点：侧摆时两臂要尽量抬高，放下要慢，向两侧挥摆要协调。

呼吸：挥摆前吸气，还原时呼气。

作用：发展侧前三角肌和三角肌中部。

图 2-13　　图 2-14

5.耸肩直臂上提

做法：双手持杠铃于大腿中(手伸直)，然后用肩胛提肌之力上提肩带成耸肩状。(如图 2-15、图 2-16)

要点:肘一定要伸直,只用向上耸肩之力。

呼吸:上提肩带时吸气,放松肩带时呼气。

作用:发展肩胛提肌、斜肌,对发展三角肌也有益。

图 2-15

图 2-16

6.宽握坐推

做法:将杠铃放置在胸锁骨上,用伸臂之力将杠铃沿颈部上举,直至两臂在头上伸直。(如图 2-17、图 2-18)

要点:上举时,三角肌、胸大肌开始用力,而后肱三头肌用力,这时不应放松三角肌,但也不要因过分紧张而形成对抗。

呼吸:上举前吸气,两臂伸直后调整呼吸,推轻重量时尽量自然呼吸,不要憋气。

作用:发展三角肌和肱三头肌。

图 2-17

图 2-18

7.哑铃上举

做法：自然站立，两手握哑铃置于肩部，然后上举，直至两臂在头上伸直，两臂展直，掌心向下，成侧平举完成后还原成开始姿势，再上推哑铃。（如图 2-19、图 2-20）

要点：两臂推直后，要将臂肩部内旋，慢慢将展开的两臂放下成侧平举，还原后再做新动作。

呼吸：上推前吸气，放下哑铃时徐徐呼气。

作用：发展三角肌中部及肱三头肌。

图 2-19

图 2-20

（二）发展三角肌中部的有效练习

1.直臂侧平举并上举

做法：直立，两臂下垂持铃，然后直臂侧平举，稍停，再上举成直臂，在头上支撑。（如图 2-8）

要点：两臂侧平举至水平位时稍停，再上举。抬臂时肘可微屈，不得借用外力。

呼吸：向侧上抬臂时吸气，放下时呼气。

作用：发展一侧三角肌。

2.侧卧直臂平举

做法：侧卧在垫上，右手持铃，左手撑地，然后将右后直臂上抬至最大高度，至将其徐徐放下计一次完整动作。（如图 2-21）

要点：身体正侧卧，要用三角肌之力抬举伸直的手臂，不要耸肩。

呼吸：用力上抬时吸气，放松还原时呼气。

图 2-21

3.轮换坐推大哑铃

做法:两手各握一个大哑铃(或活动哑铃)坐在凳上,然后用两腿勾住坐凳使身体坐直,轮流用左右臂做一臂上举、一臂放在肩上的动作。(如图 2-22、图 2-23)

要点:臀不离凳,夹肘上推。

呼吸:推轻重量时自然呼吸,尽量不要憋气,大重量时则在用力前吸一口气,然后憋气直至完成动作再调整呼吸。

说明:坐推大哑铃是发展上肢伸肌的好练习,由于采用坐姿,就不能借助下肢及躯干的力量,其对肱三头肌及三角肌帮助较大。

图 2-22

图 2-23

(三)发展三角肌后部的有效练习

1.俯卧飞鸟

做法:俯卧在凳上,两臂向上抬举哑铃,呈飞鸟展翅状,两臂摆至水平位算完成一次,还原后再做下一个动作。(如图 2-24、图 2-25)

要点:做时下颌要紧贴凳面不得离开,不得借助外力,才能有效地发展三角肌后部。

呼吸:振臂前吸气,还原后呼气。

图 2-24

图 2-25

2.弓身侧平举

做法:两手持哑铃于体侧,弓身成水平状,然后两臂向后上振,使器械约与肩同高,而后慢慢复原,再做(新动作),也可俯卧做。(如图 2-26、图 2-27)

要点:弓身后要尽量保持原来姿势,不要抬半身。这个动作既发展三角肌后部,又发展上背部(斜方肌等)。

呼吸:后振时吸气,复原时呼气。

图 2-26

图 2-27

3.宽握颈后推

这是以发展三角肌为主要目的的上肢综合肌力练习,它能有效发展三角肌、肱三头肌和胸大肌等。

做法:将杠铃放置在颈后肩上用力将杠铃推起至两臂伸直。(如图 2-28、图 2-29)

要点：上举时，不要耸肩，要充分发挥三角肌和肱三头肌之力。

呼吸：杠铃放到颈部后应吸一口气，将其推上后再调整呼吸。

作用：发展三角肌后部和肱三头肌。

图 2-28

图 2-29

四、如何使胸部饱满又坚挺

胸部健美是健美的重要标志，但过度发达的胸部就会给人以下坠、臃肿的感觉，那样反而不美。胸部应饱满又坚挺，其上、下、侧及中间沟部分皆应得到发展。

（一）发展上胸部的有效练习

上体高于下肢的斜板推和飞鸟练习均能有效地发展胸部的上部肌肉。

1.上斜卧推

做法：斜躺在支撑物上，握住杠铃、壶铃等重物，然后用力将重物自胸部向上推起，直至两臂在额前上方伸直。（如图 2-30、图 2-31）

要点：两肘不要分得过早，不要过于紧张，应特别注意上胸的用力。

呼吸：放杠铃至胸和上推时吸气，两臂伸直后呼气。

作用：发展上胸、三角肌前部和肱三头肌。

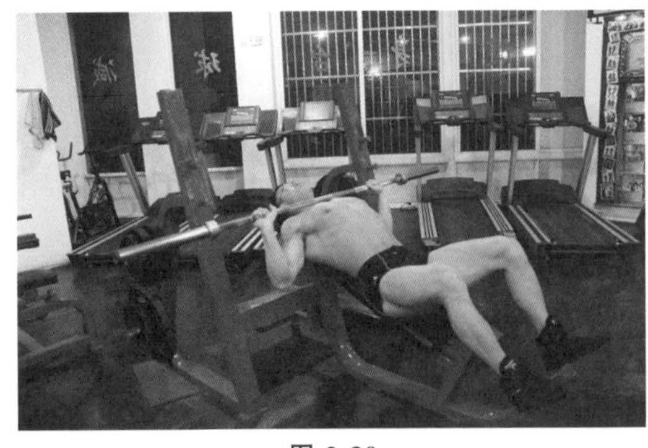

图 2-30

图 2-31

2.窄握卧推

做法:仰卧在卧推凳上,握住杠铃或大壶,然后用力将重物自胸部向上推起,直至两臂在额前上方伸直。(如图 2-32、图 2-33)

要点:窄握,以手腕能承受为限,上推时应夹肘。

图 2-32

图 2-33

3.下斜飞鸟

做法:两手分别握一哑铃,向斜下仰卧在斜凳上,将重物举至两臂,直至在胸上伸直,然后徐徐将重物向体侧放下,至最低位后,胸大肌用力带动两臂将哑铃举至胸部上方。(如图 2-34、图 2-35)

呼吸:用力上推时吸气,放下杠铃时呼气。

作用:发展下胸肌群。

图 2-34

图 2-35

4.颈上卧推

做法:宽握杠铃,平卧在练习凳上,将杠铃慢慢放至胸大肌上部,两肘尽量外展,推起杠铃后再重复进行。要注意控制好杠铃,最好将两腿摆放在凳端或抬起两腿。(如图 2-36、图 2-37)

要点:放杠铃时要用两臂力量控制好杠铃,一触及胸部就要用力上推。

呼吸:上推前吸一口气(不吸满),憋气上推成功后立即呼气,放下时再吸气。

作用:发展上胸、三角肌前部、肱三头肌和前锯肌。

图 2-36

图 2-37

5.蝶肌夹胸

做法:坐在健美机小椅上,两手握住阻力板,挺胸,收腹,抬头。(如图 2-38、图 2-39)

要点:一定要挺直身体,内夹时要用胸大肌发力,放松还原时要舒缓。

呼吸:每做一次就自然呼吸一次。

说明:这是在组合器械上所能完成的最佳胸大肌练习,对发展胸大肌中沟和三角肌前部有极佳的效果。

图 2-38

图 2-39

6.仰卧直臂拉起

做法:仰卧在凳上,两臂在头后伸直握住小杠铃(或其他重物),然后挺胸振臂将杠铃举至胸部垂直上方,再将其控制下放至最低位。开始第 2 次练习。(如图 2-40、图 2-41)

要点:做动作前要头后引臂至最低位,以充分拉长胸大肌。做动作时要尽量用胸大肌发力,这样才能有效地锻炼胸大肌,特别是其上半部。

呼吸:用力前吸气,两臂伸直后呼气。

作用:发展上胸及三角肌前部。

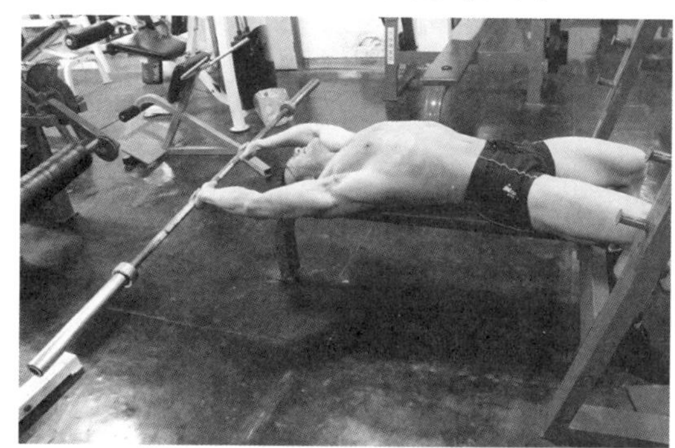

图 2-40

图 2-41

(二)发展胸部中沟的有效练习

胸部中沟的深浅是由其两侧胸大肌的发展状况决定的,胸大肌宽厚、坚实,中间沟就深。优秀健美运动员做夹胸动作时,可以用胸夹住一支钢笔。

1.侧向十字前平拉

做法:两手分别握住固定在体侧的拉力器手柄,然后两臂伸直,前向内收,直到两臂在胸前靠拢,再慢慢放松还原成预备姿势。(如图 2-42、图 2-43)

要点:做动作前胸大肌应被充分拉长,然后尽量用胸大肌发力,还原时要慢,尽量做退让性练习。

呼吸:用力前吸气,而后短时憋气,用力结束前呼气。

图 2-42

图 2-43

2.仰卧十字下拉

做法：仰卧在下斜的斜板上，两手分别握住固定在体侧的拉力器手柄，匀速地向内、向肩关节方向内收，直至两手在肩部上方相碰。（如图 2-44、图 2-45）

要点：动作开始前要挺胸，使肘关节弯曲，拉力带绷紧，然后用胸大肌的收缩之力拉力器向髋部方向拉引。

呼吸：动作前吸一口气，放松还原时呼气。

说明：这个动作既能发展下胸部，又能发展胸部中沟，练习时应注意拉力方向，发展下胸时向髋部拉引，发展中沟时则向胸上拉。

图 2-44

图 2-45

3.上十字下拉

做法：两手握住一副高过头顶的拉力器，掌心相对，用胸人肌收缩的力量使拉力器握把相碰。在整个练习过程中，肘关节要始终保持稍弯曲，还原后再重新开始。握把相碰的位置高则发展上胸部；相碰的位置若是中部，发展的是中胸部；若在下部相碰，发展的则是下胸部。（如图 2-46、图 2-47）

要点：开始就要用力拉紧。

呼吸：用力内夹时吸气，放松时呼气。

作用：发展胸大肌中部及三角肌前部。

图 2-46

图 2-47

4.仰卧飞鸟

做法:两手握哑铃置于胸前(掌心相对),仰卧于凳上,两臂伸直与身体垂直;两膝分开,脚踏地面,随即使两臂缓缓向侧下分开(肘微屈),直至肘部低于体侧;胸部要高高挺起,腰部离凳,仅肩背部和臀部着凳,然后胸大肌用力收缩,将微屈而分开的两臂内收,至胸上伸直。稍息,再将哑铃循原路举起,呈仰卧直臂持铃的预备姿势。(如图 2-48、图 2-49)

要点:向下侧分两臂时,要扣腕、屈肘并低于体侧,胸部要高高挺起,内收时要用胸大肌中部发力。

呼吸:两臂侧分及向上内收时吸气,臂接近伸直时呼气。

作用:对发展胸部及三角肌非常有效。

图 2-48

图 2-49

五、如何使背部宽阔成"V"形

宽阔、厚实的背部给人以背宽、体阔的感觉，是健美的重要标志之一，是健、力、美的象征。

背部的主要肌肉有斜方肌、背阔肌、大圆肌、竖脊肌等。斜方肌（深层为菱形肌）从颈根部一直延伸到背的中部，从人体的前面看，其在颈部到肩峰呈一斜面。它能使肩胛骨上提，向下、向上转动和内收，能使头和脊柱伸直，在儿童、少年成长时期发展此肌可以预防或矫正驼背。背阔肌在腰背部，是人体最大的阔肌，是仅次于股四头肌的第二大肌肉。发达的背阔肌使人体呈美丽的倒三角，即"V"字形。竖脊肌位于脊柱的两侧，从骶骨延伸到枕骨，是强大的脊柱伸肌，其机能是使头和脊柱屈伸。这部分肌肉如得到发展，对于防止弓腰驼背、矫正畸形、维持正确的体姿、增加形体美均有重要的意义。

（一）发展背阔肌的有效练习

发展背阔肌的方法可以用十六个字来概括——从前向后、从上向下、从下向上、引体向上，现分述如下：

1.从前向后拉

做法：坐在凳上，弓腰向前伸臂，紧紧拉住拉力器（或划船器）的把手，膝微屈，脸朝下置于两臂之间，然后两臂向后方拉动牵引绳，同时上体后仰、挺胸。当拉拉力器的手触及胸腹部时算完成一次动作，重复再做。（如图 2-50、图 2-51）

要点：为使拉的距离加长，加强对背阔肌上、中部的刺激，应低头、弓腰屈体，向前伸出两臂，向后拉引。要少用伸膝之力，而多用背阔肌的力量。

呼吸：向后拉引时吸气，放松还原时呼气。

作用：发展背阔肌、三角肌后束、肱二头肌和斜方肌。

图 2-50

图 2-51

2.直立直臂后拉

做法：握住拉力器，保持两臂伸直，然后用背阔肌之力向后拉弹性物体，直至其直立在胸前。（如图 2-52、图 2-53）

要点：不要借力，拉住臂屈。

呼吸：两臂伸直时正常呼吸，后拉至胸时吸气，放松呼气。

作用：发展背阔肌中束和斜方肌。

图 2-52

图 2-53

3.胸前下拉

做法：坐在高滑轮拉力器的下方，两手高抬，直握拉力器的把手，低头使之夹在两臂之间，用力下拉，直至拉力器把触及胸下部；同时挺胸，抬头，目视前方，注意上体不要后仰，还原后重新开始。（如图 2-54、图 2-55）

图 2-54

图 2-55

要点：动作开始时应低头、含胸，进行动作时要逐步抬头、挺胸，要尽量用力向胸前下拉,直至拉力器把手触及胸下部。

呼吸:下拉前吸气,下拉至胸后调整呼吸,每拉一次呼吸一次。

作用:发展背阔肌下部。

4.斜拉

做法:坐在离拉力器较远的地方,两臂尽量前伸,握住拉力器把手,使身体和拉力器成60°角。开始时,头夹在两臂之间,向后下拉引时,上体后倾,下颌向胸部收紧,保持含胸弓背姿势。拉力手柄碰到胸下部后,还原再做。(如图2-56、图2-57)

要点:注意两点——一是要含胸弓背到抬头挺胸;二是要加长拉引的距离,以发展背阔肌和大圆肌。

呼吸:下拉时吸气,拉到胸部后再呼气。

作用:发展背阔肌上部。

图 2-56

图 2-57

5.跨铃屈体划船

做法:横跨在杠铃上(一头可不安放杠铃片),弓身后两臂伸直,将杠铃提离地面(用伸腿之力),然后屈肘上拉杠铃,铃片触及胸部时为一次完整动作,放下杠铃再做。(如图2-58、图2-59)

要点:要尽量保持提铃时的体姿,用背阔肌的收缩之力和屈臂上拉之力将杠铃提拉起来。

呼吸:拉铃时吸气,放铃时呼气,一动一呼。

作用:同屈体划船。

说明:这是一个能有效发展背阔肌的练习,它还对大圆肌、小圆肌、冈上肌、冈下肌等有好处。

图 2-58

图 2-59

6.颈后下拉(在综合力量架上做)

做法:两臂拉住拉力架的把手,跪姿或坐姿,然后用力下拉拉力器,使肘关节贴近身体的两侧,两手挨近第七颈椎。(如图 2-60、图 2-61)

要点:不论采用跪姿或是坐姿,都应挺直身体,使把手处于第七颈椎垂直下方,下拉时应慢慢用力(切勿爆发式用力),还原时也要控制速度。

呼吸:下拉时吸气,还原时呼气。

作用:对发展三角肌后束作用较大。

图 2-60

图 2-61

7.双杠引体向上

做法:用手腕扣住宽约 40 厘米的双杠,双手伸直,呈悬吊状态,然后把身体向上拉起,胸部尽量向上挺伸,头向后仰,肩向下、向后收紧,还原后重新开始。(如图 2-62、图 2-63)

要点:因双杠距地面较近,所以在动作过程中始终要盘膝。另外要尽量向胸部拉引,这样才能很好地发展背阔肌的中、上部，同时也能发展上肢屈肌。

呼吸：拉引前吸一口气，待动作完成后立即呼气，这个过程伴随轻微的憋气。

作用：发展上背部和肱二头肌及前臂肌群。

图 2-62

图 2-63

8.宽握距引体向上

做法：两手握住单杠，间距较宽，使身体悬空，然后将身体拉起，直立，直至胸骨碰到横杠。优秀的健美运动员可以使身体后仰、脸朝上成水平姿势，有的拉起后可使腹中部碰到横杠。（如图 2-64、图 2-65）

要点：一要爆发式用力，二要尽量拉高，力争用胸部触杠，腹部触杠更好。

呼吸：拉引前吸气，拉至最高处放下时呼气。呼吸要均匀，要注意呼吸和动作的同步。

作用：发展肱二头肌及背部肌群。

图 2-64

图 2-65

9.中握距引体向上

做法：两手握住单杠，间距中等使身体悬空，然后将身体拉起，直立，直至胸骨碰到横杠。优秀的健美运动员可以使身体后仰、脸朝上成水平姿势，有的拉起后可使腹中部碰到横杠。（如图 2-66、图 2-67）

要点：一要爆发式用力，二要尽量拉高，力争用胸部触杠，腹部触杠更好。

呼吸：同其他引体向上。

作用：发展肱二头肌及背部肌群。

说明：有些优秀的健美运动员就是通过练习引体向上发展背阔肌的。初练时，要求拉引过下颌，一个阶段的练习后就要求过胸，最后要求过腹。开始时往往只能拉几次，练习后能拉 8～10 次，最后负重也能拉引 8～10 次，这时背阔肌就会得到很好的发展。

上述 9 个练习均能发展背阔肌的中、上部分，这两部分练好了，身体就会呈现“V”形。下面介绍的各种卧拉练习也能发展背阔肌，但主要锻炼背阔肌的中、下部，颈长、体高者应多做这些练习。

图 2-66

图 2-67

10.屈体划船

做法：上体前倾至约与地面平行，手抓杠铃，然后用背阔肌的收缩之力以及上提肘部之力将杠铃提拉至胸部。最好采用反握法抓住杠铃，这样效果会更好。（如图 2-68、图 2-69）

要点：腰背部应尽量挺直；上拉杠铃时，两大臂贴紧两肋，边拉边挺胸。

呼吸：弓身拉铃时吸气，自胸部放下杠铃时呼气。

作用：发展斜方肌、背阔肌、肱二头肌和三角肌后部。

图 2-68

图 2-69

11.坐弓身

做法:肩负较轻的杠铃,坐在低凳上,背部伸直,然后慢慢向前倾,腹部触及大腿后即慢慢用力抬起上身。(如图 2-70、图 2-71)

要点:腰背肌在整个动作过程中要收紧,为此要挺胸塌腰。此外,整个动作要慢,即慢慢前倾,慢慢起立,这样做既能防止受伤,也能有效地发展背部肌群。

呼吸:前弓时吸一口气,直至复原才呼气。

作用:发展竖脊肌和腰背部肌群。

图 2-70

图 2-71

12.弓身反飞鸟

做法:这个练习大体同俯卧反飞鸟,俯身站立使上体呈水平状,然后两臂向后上振(肘微屈),使器械约与肩同高,而后慢慢复原再做。(如图 2-72、图 2-73)

要点:弓身后要尽量挺胸,两臂用力向侧后上方振,上背部肌肉用力收缩,使三角肌后部也得到锻炼。

呼吸:后振时吸气,复原时呼气。

作用:发展竖脊肌、腰背部肌群及三角肌后部。

图 2-72

图 2-73

13.弓身单臂拉铃

做法：弓身，两腿前后开立，单臂伸直下垂，握住地上的哑铃或壶铃，然后用屈肘的力量将哑铃提拉至体侧，还原后反复做。（如图 2-74、图 2-75）

要点：为固定体姿，不提铃之手肘要依靠同侧大腿，用力时肘尖向后上方冲出。

呼吸：提拉时吸气，放铃时呼气。

作用：对一侧的斜方肌、肱二头肌、三角肌后束、背阔肌益处尤大。

图 2-74

图 2-75

14.躬身

做法：肩颈负杠铃，然后慢慢向前鞠躬，待身体和地面平行（约 90°）时再起身成直立状。（如图 2-76、图 2-77）

要点：一定要挺直腰背肌，千万别弯腰，否则易导致腰椎间盘突出。

呼吸：向前屈体时吸气，挺起时呼气。

作用：发展腰背伸肌。

图 2-76

图 2-77

15.硬拉

做法：先将杠铃提起，身体伸直，然后缓缓前倾，直至把杠铃放在膝下或地上。（如图 2-78、图 2-79）

要点：挺胸，收腹，抬头，膝盖不能超过脚尖。

呼吸：起身吸气，伸直身体后再呼气。

作用：发展腰背肌、臀大肌、股四头肌和股二头肌。

图 2-78

图 2-79

16.俯卧挺身

做法：俯卧在长凳上，做两头起动作（上体抬臂同时做）。（如图 2-80）

要点：身体尽量后伸，反弓程度越大，对锻炼腰背肌越有利。

呼吸：抬体时吸气，放松时呼气。

作用：发展腰背伸肌。

说明：人体中部的力量又称为核心力量，极为重要。有一定训练水平最好在山羊上做负重挺身，优秀举重运动员腰背肌力极大，世界冠军、大力士们能用较重杠铃完成负重挺身，如苏联世界头号大力士阿列克谢耶夫能在山羊上以90公斤的负重完成多组的动作，并保证在做每个动作时，身体都和地面平行。

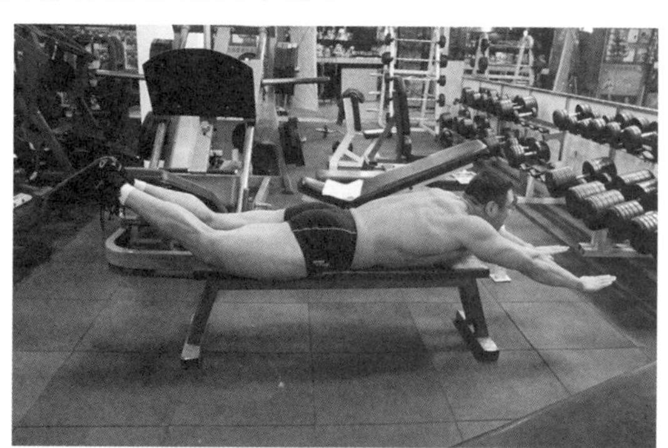

图 2-80

17.体侧屈

做法：身体直立，两腿开立约与肩同宽，肩负杠铃做左右侧屈。（如图2-81）

要点：负铃时务必挺胸直腰，两手紧握固定好铃片的横杠，侧起时要用对侧的腰腹肌之力，注意侧倒要慢，起立要快。

呼吸：侧倒时吸气，身体正直后呼气。

图 2-81

18.体旋转

做法：身体直立，两腿开立约与肩同宽，肩负杠铃做左右转体动作。（如图2-82）

要点：旋转时会产生一种离心力，这时要用对侧的腹内、外斜肌加以控制，然后再向另一侧旋转。

呼吸：自然呼吸，不要憋气。

图 2-82

19.侧斜上拉大哑铃

做法:右手持大哑铃,置于左腰侧,弯身侧屈,然后用力向右侧上拉。(如图 2-83、图 2-84)

要点:膝盖不得弯曲,上体对侧的腹外斜肌要充分拉长,要对转体加以控制,要有节奏,应运用腹外斜肌及腰大肌之力使躯干转 90°～100°。

呼吸:动作开始前吸气,用力侧上拉时徐徐呼气,动作结束时立即调整呼吸。

作用:发展右侧斜方肌、腹斜肌。

说明:还有把重物放在体侧或放在体后的侧上拉,其要领和动作大体相同。这是一个锻炼躯体、去脂减肥的好练习,应该常练。

图 2-83

图 2-84

六、如何练习腹肌

1.屈膝团身起坐

做法:固定下肢,两手抱头,然后用收腹之力将上体抬起,同时两肘贴近两膝,完成后再做。(如图 2-85、图 2-86)

要点:最好固定下肢,腹肌好的可不固定。

呼吸:用力起坐时吸气,放松倒体时呼气。

作用:发展腹直肌,腹内、外斜肌和股四头肌。

说明:在高滑轮上可做上肢固定握杆,向下折体时效果更好。

图 2-85

图 2-86

2.蛙式收腹举腿

做法:两足靠拢,两膝外分,两手抱头仰卧,然后用力屈起两腿使之分别靠拢上体。(如图 2-87、图 2-88)

要点:臀部和上体固定。

呼吸:用力抬腿时吸气,放回两腿时呼气。

作用:发展腹直肌特别是下腹部肌力。

图 2-87

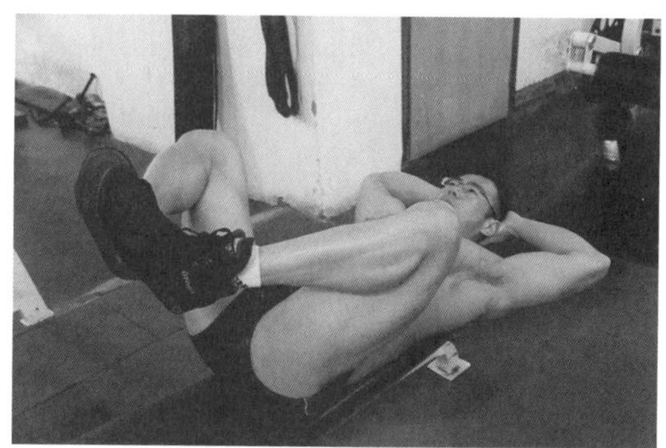

图 2-88

3.蛙式起坐

做法:两腿外分,上体后仰,两手抱头,然后上体尽量抬高。(如图 2-89、图 2-90)

要点:固定臀部和下肢。

呼吸:抬体收腹时吸气,还原时呼气。

作用:发展腹直肌,以上腹部腹直肌为主。

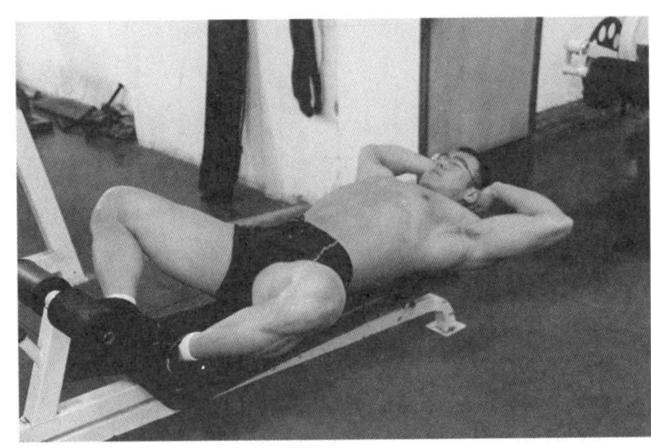

图 2-89

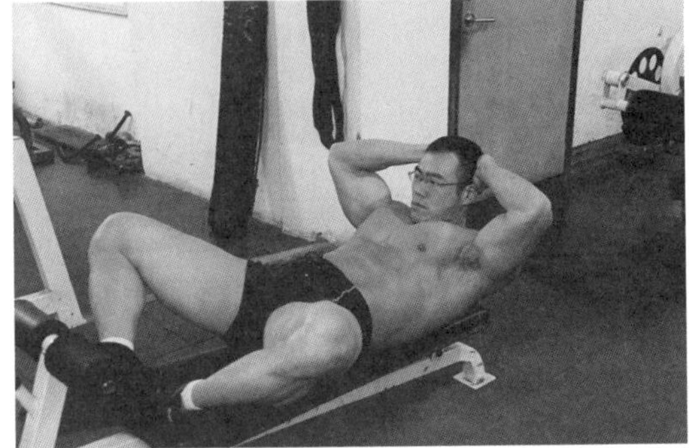

图 2-90

4.上腹半起坐

做法:下肢固定,然后抬起头部并尽量向上抬起,要多做。(如图 2-91、图 2-92)

要点:下腹固定,只用抬上体之力。

呼吸:抬起收腹时吸气,还原放下时呼气。

作用:发展上腹部腹直肌。

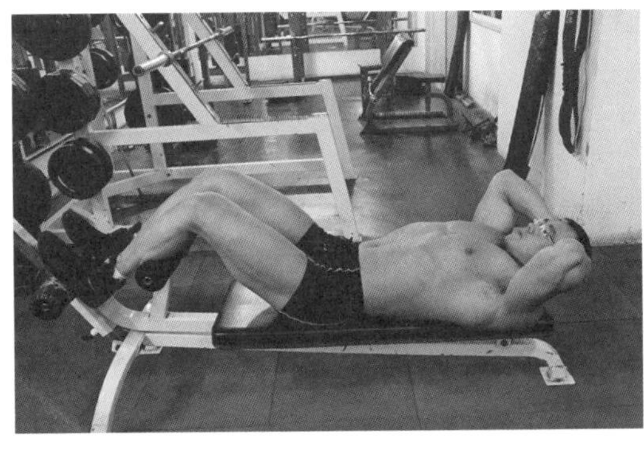

图 2-91

图 2-92

5.仰卧屈膝收腿

做法:仰卧,并腿,屈膝,然后用力收小腹,使双膝超过身体中部,同时,低头含胸,让胸部和膝盖尽量靠拢。(如图 2-93、图 2-94)

要点:掌握好平衡,膝和上体尽量靠拢。

呼吸:屈膝折体时吸气,后倒还原时呼气。

作用:发展下腹直肌及上腹直肌。

图 2-93

图 2-94

6.斜板仰卧起坐(练习上腹部)

做法:仰卧在腹肌板上,将腹肌板的高度调节到适合的高度,双腿固定好,向上弯起身体,背部保持蜷缩状态,将腹肌挤压到最紧张的状态时把气吐空。然后慢慢向下还原,上背部还未靠近腹肌板时就接着做下一个动作。上身向上抬起和放下时,尽量用腹肌的力量控制身体。(如图 2-95、图 2-96)

图 2-95

图 2-96

7.平板卷腹(练习上腹部)

做法:背靠地仰卧,双脚架在前面的凳子上,将双手放在头两侧,向上弯曲双肩和躯干,通过背部向前弯曲来挤压腹肌,但不要抬起下背部,待腹肌挤压到顶点时把气吐空,然后慢慢吸气还原。(如图 2-97、图 2-98)

图 2-97

图 2-98

8.负重平板卷腹(练习上腹部)

做法:根据训练水平选择负重的重量,背靠腹肌板仰卧,双脚架在前面的架子上,双手抓住手把,靠腹肌的力量向前蜷缩来挤压腹肌,头部保持不动,不要抬起下背部,待腹肌挤压到顶点时把气吐空,然后慢慢吸气还原。(如图 2-99、图 2-100)

图 2-99

图 2-100

9.仰卧收腹举腿(练习上、下腹部)

做法:在腹肌板或凳子上,双手抓住把手,固定好膝关节,靠下腹部的力量抬起腿部,待腹肌挤压到顶点时将气吐出,吸气慢慢还原。(如图 2-101、图 2-102)

图 2-101

图 2-102

10.垂直凳卷腹(练习上、下腹部)

做法:用肘和前臂支撑自己,背部紧贴靠板,腿向上抬起时,尽可能地靠腹肌用力收缩,使自己向上蜷缩成一个球,待腹肌挤压到顶点时将气吐空,吸气慢慢还原。腿还原时也尽量用腹肌控制双腿下落。(如图 2-103、图 2-104)

图 2-103

图 2-104

11.单杠悬垂卷腹(练习上、下腹部)

做法:双手抓住横杆,身体悬挂在下方,固定好膝关节,靠腹肌的力量尽可能地抬高膝盖,让背部弯曲并和腹肌卷曲到一起,待腹肌挤压到顶点时将气吐空,吸气慢慢还原。(如图 2-105、图 2-106)

图 2-105

图 2-106

12.坐姿收腹举腿(练习整个腹肌)

做法:坐在凳子上,两手放在臀部两侧偏后以支撑身体,双腿微曲,靠腹肌充分收缩向上抬起双腿,使其靠近头部,当腹肌挤压到最顶点时将气吐空,吸气慢慢还原。

要点：向下方还原动作时上身与腿尽量充分展开。上身与地面保持30°即可，腿与地面平行。（如图2-107、图2-108）

图 2-107

图 2-108

13.机械负重卷腹（练习整个腹肌）

做法：坐在凳子上，背部贴紧靠背，双手抓住把手，将身体固定好，靠腹肌的力量将身体蜷曲成球，待腹肌挤压到最顶点时将气吐空，吸气慢慢还原。（如图2-109、图2-110）

图 2-109

图 2-110

七、如何增长胳膊的围度

人们历来把胳膊力量的大小看作是身体强壮程度的标志之一，又把胳膊的粗壮及线条清晰当作健、力、美的象征。现代健美比赛中，男子的七个规定动作和女子的五个规定动作就包括前展肱二头肌、背展肱二头肌和侧展肱三头肌这三个以展示上肢肌为主的动作。由此可见，粗壮有力、线条鲜明的胳膊在健美运动中占有多么重要的地位。

（一）发展肱三头肌的有效练习

肱三头肌因有三个头而得名，要特别重视对肱三头肌中外侧头的训练，因为它位于肩部正侧下方，它发达了，整个手臂就会显得粗壮坚实。肘向外分的伸臂练习能很好地发展肱三头肌外侧头。

发展肱三头肌外侧头的有效练习主要有：

1.肘外分的胸前下推

做法：直立，两手正握住高滑轮拉力器的把手，间距约为30厘米，两肘尽量外分，用伸肘之力将拉力器手柄沿胸部向下推伸。（如图2-111、图2-112）

要点：肘要固定牢，下伸要直，挺胸收腹。

呼吸：伸肘前吸气，推伸后呼气。

作用：发展肱三头肌。

图 2-111

图 2-112

2.跪姿定肘伸臂

做法：两手抓握住高滑轮的把柄（或抓住橡皮筋拉力带的一端），背对拉力器跪下（肘和前额也可放在体前一平凳上）。开始动作时，两手屈于颈后，肘尖外分，向前拉时，肘关节要紧紧固定住，不移动。（如图2-113、图2-114）

要点：低头、团身，拉紧拉力带，向前伸肘。

呼吸：短促而自然，伸肘前吸气，伸肘后呼气。

作用：发展肱三头肌。

图 2-113

图 2-114

3.背后臂屈伸

做法:两臂在体后握小杠铃,将杠铃提至肩部使手臂弯曲,然后向后上方用力直至伸直两臂。(如图 2-115、图 2-116)

要点:这是个难度较大的动作,做时要注意夹肘,让肱三头肌积极用力,这个练习对肱三头肌刺激较强,有时后伸肘时会出现肱三头肌抽筋现象。

呼吸:力求自然,尽量少憋气。

作用:发展肱三头肌。

图 2-115

图 2-116

4.法式臂屈伸

做法:两手抱握住杠铃杆或活动哑铃的一端,两肘高抬并向侧分;然后用力向上伸直两臂,使重物沿背部向上滑动至最高位。(如图 2-117、图 2-118)

要点:肘抬高并向外分,向头顶上方用力伸直两臂。

呼吸:伸肘前吸气,肘直后呼气。

作用:发展肱三头肌的极佳动作之一。

图 2-117

图 2-118

5.仰卧臂屈伸

做法:仰卧在长凳上(或垫子上),两手正握住在头前地上或凳上放置的重物(小杠铃、大哑铃、杠铃片、长沙袋),两肘高抬,肘尖向上,然后用伸前臂的力量让肘伸直。(如图 2-119、图 2-120)

要点:肘高抬并内夹,用力伸前臂,将肘伸直,要控制向头上方伸臂。

呼吸:用力伸直前吸气,伸直后呼气。

作用:发展肱三头肌。

图 2-119

图 2-120

6.哑铃弓身臂屈伸(双)

做法:双手持铃,弓身,屈臂于腰侧,然后,用力伸直弯曲的双肘。(如图 2-121、图 2-122)

要点:身体和双肘要固定,大臂要贴紧两肋。

呼吸：用力后伸时吸气，还原时呼气。

作用：发展双臂肱三头肌，增大伸肘之力。

图 2-121

图 2-122

7.仰卧臂屈伸（单手）

做法：仰卧在长凳上（或垫子上），两手或单手握住在头前地上或凳上放置的重物（小杠铃、大哑铃、杠铃片、长沙袋），两肘高抬，肘尖向上，然后用伸前臂的力量将肘伸直。（如图 2-123、图 2-124）

要点：肘高抬并内夹，用力伸前臂，将肘伸直，要控制向头上方伸臂。

呼吸：用力伸臂前吸气，伸直后呼气。

作用：发展用力臂的肱三头肌。

图 2-123

图 2-124

8.直臂开弹簧拉力器

做法：两手握住弹簧拉力器的两端，两臂由前平举开始向两侧用力拉弹簧拉力器，直至两臂和体侧平行，然后复原再做。（如图 2-125、图 2-126）

要点：向两侧后拉弹簧拉力器时斜方肌用力，而徐徐复原时胸大肌用力——这往往被人们忽视。所以,在做此动作时要特别注意斜方肌的积极用力。

呼吸:向侧扩胸时吸气,慢慢复原时呼气。

作用:发展用力臂的肱三头肌。

图 2-125

图 2-126

9.坐姿轮换上推

做法:两手持较大哑铃置于肩上,坐于凳上,然后一臂向上伸肘,推起哑铃,等放下后,另一臂再用力向上推起。(如图 2-127)

要点:身体固定,不借力。

呼吸:自然呼吸,用力上推时吸气,放下轮换前呼气。

作用:发展三角肌前部和肱三头肌。

图 2-127

10.宽撑双杠

做法:脸朝下收紧下颌,弓背,脚尖向前,两眼看脚尖,两手握住宽约 80cm 的双杠,慢慢

屈臂使身体下降直至下颌和双杠等高，再用双臂之力将身体撑起。(如图 2-128、图 2-129)

要点：屈臂时应尽可能地使身体降低些，身体上下时都不要借力，练习时要严格保证动作规格。

呼吸：自然呼吸，伸臂时吸气，放松时呼气。

作用：发展胸部肌肉、肱三头肌。

图 2-128

图 2-129

(二)发展肱二头肌的有效练习

1.直立单臂侧弯举(轮换)

做法：直立时单臂持铃，向另一侧上胸弯起，另一臂向另一侧做。(如图 2-130、图 2-131)

呼吸：内收时吸气，还原时呼气。

作用：发展单侧臂屈肌，同时对发展前臂肌也有良好效果。

图 2-130

图 2-131

2.击锤式弯举

做法:坐在凳上,掌心向里、拇指向前,握住哑铃,像握住一把铁锤;然后,一臂或二臂弯曲,将哑铃举起。(如图 2-132、图 2-133)

要点:上屈时,要朝肩外侧举哑铃,不要垂直举起。

呼吸:自然呼吸,即一动一呼一吸。

作用:发展肱二头肌及前臂肌。

图 2-132

图 2-133

3.仰卧轮换弯举

做法:抬头平卧在一个较高的平凳上,双手握哑铃,两臂交替弯举,将哑铃举起。(如图 2-134、图 2-135)

图 2-134

图 2-135

要点:在整个动作过程中,应始终保持抬头姿势,两眼一直注视着哑铃,念动一致,全神贯注。

呼吸：呼吸和动作的节奏同步，即用力屈肘时吸气，放下时立即呼气。

作用：发展双臂肱二头肌。

4.肘固定弯举

做法：上体靠在一块与地面平行的平板上，两肘紧贴平板，两手握杠铃，然后屈臂弯举杠铃，动作幅度中等即可。（如图 2-136、图 2-137）

要点：放铃时，肘关节不要充分伸直，收缩也应留有余地，使整个肱二头肌处于牵张状态，这样对肱二头肌刺激强；做最后两次训练时，可在同伴帮助下做大幅度（90°）的强度弯举练习。

呼吸：中等以下强度自然呼吸，中等以上强度为用力前吸气，用力过程中憋气，动作完成后呼气。

作用：发展肱二头肌。

图 2-136

图 2-137

5.直立轮换弯举

做法：直立，两手各持一活动哑铃（或大哑铃），一臂用力屈肘，一臂下垂伸直；放下另一臂时，另一臂则用力弯曲，此练习也可坐着完成。（如图 2-138、图 2-139）

要点：身体正直，不借外力。

作用：发展肱二头肌。

图 2-138

图 2-139

6.斜板哑铃弯举

做法:仰卧在斜板上,手持哑铃做弯举练习,开始时轮换左右臂弯举,而后做双臂弯举。(如图 2-140、图 2-141)

要点:要有意识地朝肩外方向曲臂,这样能发展肱二头肌外侧头。

呼吸:弯举时吸气,伸展时呼气。

作用:这是发展肱二头肌的好练习。

图 2-140

图 2-141

7.斜板弯举(文斯弯举)

不借助其他外力用斜板将肘关节固定住,该动作是美国著名教练文斯首创的,所以又称"文斯弯举"。(如图 2-142、图 2-143)

做法:双手握住小杠铃或"U"形杠铃,将肘关节置于斜板上,做弯举动作。(如图 2-142、图 2-143)

要点:肘和身体均固定,无法借助外力,完全用肱二头肌、肱肌以及前臂肌群之力,可用哑铃来练。

呼吸：屈肘时吸气，放松时呼气，大重量练习时可短时憋气，轻重量练习时力求自然呼吸。

说明：这是美国著名教练文斯发明的，在不能借力的情况下效果更好。

图 2-142

图 2-143

8.脚踩弹簧拉力器弯举

做法：两脚开立，单手下垂，握住弹簧拉力器，用同侧脚踩住把手，然后屈臂将弹簧拉力器拉至胸部，而后慢慢将拉长的弹簧拉力器复位，重复该动作。（如图 2-144、图 2-145）

要点：要用力踩住弹性物体的一端，要注意逐渐加力，不要爆发式用力，以防受伤。

呼吸；用力屈肘时吸气，放松还原时呼气。

说明：各种不同的弯举对肱二头肌的锻炼效果是不一样的，应该针对自己的弱点来选择不同的动作进行训练。

图 2-144

图 2-145

9.反握扣手引体向上

反握扣手引体向上能有效地发展肱二头肌，使腹肌更为突起。

做法：两手反握单杠，间距为 10 厘米，慢慢向上拉起，直至下颌过横杠。（如图 2-146、图 2-147）

要点：慢慢向上拉起，直至颈部触及横杠。

呼吸：力求自然，用力引体时吸气，放下还原时呼气。

作用：可以发展肱二头肌及前臂肌。

图 2-146

图 2-147

10.哑铃坐姿弯举

做法：坐在凳上，两腿向两侧分开，支撑腿脚跟提起，同侧手握住哑铃，肘关节放在支撑腿的前内侧，上身稍向支撑腿倾斜，然后将哑铃弯举至肩前。（如图 2-148、图 2-149）

图 2-148

图 2-149

要点：屈肘的方向很重要，最佳动作应该是从左至右向怀里用力弯举，而不是从前至后往胸前弯举(右手弯举),屈肘时不应借助外力。这是一个发展肱二头肌的有效练习,尤其是在一臂强一臂弱的情况下,用它来专门训练弱臂,效果尤佳。

呼吸:屈肘吸气,复位呼气。

11.杠铃胸前弯举

做法:两脚开立,两臂持铃下垂,掌心向前,然后屈臂将杠铃(哑铃或铃片)弯举至胸前,再徐徐还原,重复做。(如图 2-150、图 2-151)

要点:做动作前,身体微前屈,手腕和手臂微屈,保持一定的肌紧张再屈臂,这样效果会好。做时身体不要前后摆动,要完全用前臂及上臂之力将重物举起再慢慢放下。

呼吸:屈肘时吸气,伸展时呼气。

作用:发展肱二头肌。

图 2-150

图 2-151

八、如何使大腿强壮有力

大腿肌肉中,前面有股四头肌,后面有股二头肌,内侧有缝匠肌、大收肌等。要使大腿强壮,首先要发展肱四头肌,因为肱四头肌是人体最大、最有力的肌肉之一。它由四个头即股直肌、股中肌、股外肌和股内肌组成,其功能是使小腿伸、大腿伸和屈,并维持人体直立。

发展股四头肌的有效练习主要有:

1.下蹲(深蹲、半蹲、坐蹲、静蹲)

做法:将杠铃放在胸前做下蹲起立的动作叫前蹲,其做法是两手握住放在深蹲架上的杠铃,屈肘将杠铃放在锁骨上,保持挺胸直腰姿势,慢慢下蹲(两腿可侧分或并拢),至大小腿夹角小于 90°后再起立。(如图 2-152、图 2-153)

将杠铃放在颈后慢慢下蹲而后起立的动作叫后蹲。在无杠铃情况下,可通过负人来练习，负人时最好在墙边或大树旁，以便在失去重心时有所扶持，防止受伤。

下蹲至大小腿夹角在 100°以上的动作叫半蹲，这样能负更大的重量。

坐在不同高度的凳上做蹲起的动作叫坐蹲，它的优点是可以通过调节凳高来发展不同部位的腿部肌肉。

从直立位置上慢慢超负荷（110%～130%）下蹲，到一定位置（夹角为 135°或 90°），膝关节固定不动，保持 6～8 秒静止的动作叫静蹲。静蹲通过肌肉的等长收缩，不断提高肌肉的张力。

要点：练习时，要记住下面两句话，“抬头挺胸腰收紧，慢慢下蹲快起立”。如能做到效果更好，能防止受伤。

作用：发展股四头肌前部及腰背伸肌。

图 2-152

图 2-153

2.后蹲

做法：将杠铃放在颈后然后下蹲，直至大腿压住小腿（夹角小于 90°），然后用力伸直双腿，还原再做。（如图 2-154、图 2-155）

呼吸：轻重量应自然呼吸，用力时吸气，放松时呼气。做大重量则应吸半口气（不吸满），而后憋气直至完成动作再呼吸。

说明：以上几种蹲起练习，虽然动作不大相同，但均能发展股四头肌、腰背伸肌、股后肌群、小腿三头肌和臀大肌。前蹲能发展上背部肌肉和股四头肌前端（膝部），使大腿下部和中上部大体同粗——非常理想的腿形。后蹲则对发展腰背部及股四头肌末端（近臀处）好处更大。深蹲对股四头肌锻炼效果好，而膝角在 135°以上时，则主要锻炼腰背伸肌和股后肌群。

图 2-154

图 2-155

3.腿蹬出(腿推出)

做法:坐在练习器的凳上,两腿弯曲蹬住练习器,并将其缓缓向前蹬出至两膝完全伸直,反复练习。(如图 2-156、图 2-157)

要点:要使两膝屈角在 90°以下,这样对锻炼股四头肌效果明显。两腿伸直后,应缓缓后退放下后再配重片,这对锻炼股后肌群有利。

说明:以上两个练习,能有效地发展股四头肌和股二头肌,对腰背无负担。

图 2-156

图 2-157

4.箭步蹲

做法:肩负杠铃或胸负杠铃走出深蹲架,前后分开两腿或成箭步,然后屈膝下压至能承受的极限深度即伸直两腿,最后收回两腿(如图 2-158、图 2-159)

要点:负铃时一定要注意挺胸、收紧腰背。下蹲时重心应前移至前腿上,后腿屈膝,膝盖勿超过脚尖。

呼吸:成箭步支撑时吸气,起立后呼气。

作用:发展股四头肌及股二头肌。

图 2-158

图 2-159

5.负凳

做法：肩负重物（杠铃、铃片、沙袋），一腿放在高 50～60 厘米的方凳上，另一腿支撑在地上，然后做腿屈伸动作使腿伸直；接着做屈伸动作，直至以单腿站在方凳上，反复练习。（如图 2-160、图 2-161）

要点：上身要直，支撑在方凳上的腿要充分伸直，最后做提踵动作，做时另一腿要尽量少用力蹬伸。

呼吸：登凳前吸一口气，而后边蹬伸边吸气，下凳时呼气。

说明：负重登凳既是一个发展股四头肌的练习，也是一个极好的发展弹跳力的练习，这已为多国实验研究所证实。

图 2-160

图 2-161

6.坐姿腿屈伸

做法：坐在软面凳上，膝关节内缘紧贴凳面，足负重物做腿屈伸动作。

如在综合架上做，则先将足背紧贴练习器的圆筒上，做腿屈伸动作；为使股四头肌充分伸展，随着小腿的伸展，上体应稍向后仰，伸直后再坚持几秒钟，还原再做。（如图 2-162、图 2-163）

要点：做屈伸运动应选择好重量，伸膝要缓慢而充分，放下时也要慢。负重越大，膝屈得越深，对膝关节影响也越大，容易造成受伤，引起疼痛，因此要掌握好训练负荷量。

呼吸：自然呼吸，但最大用力时要先吸气。

图 2-162

图 2-163

7.斜蹲

做法：斜蹲通常有同伴配合。练习者握住同伴伸出的手或棍棒等器械，在腰上扎一有环的保险带，然后在环上捆一长勾，勾住远方坚实的支架，身体慢慢后倒做连续斜蹲起立动作，还可做身体前倾的斜蹲动作。（如图 2-164、图 2-165）

图 2-164

图 2-165

要点：身体后倒要慢，手臂要伸直，要使身体和地面的夹角成 45°，然后屈膝下蹲，至大小腿夹角小于 90°时，再慢慢并腿站起。

呼吸：下蹲时吸气，起立后呼气。

说明：斜蹲是一个很好的练习，对于防治髌骨软化等病症有特殊效果。中老年人经常练它能强筋健骨，使腿部肌肉坚实有力，延缓衰老。江苏的敬亭老先生93岁时，还能每天健步行走1千米，大家无不称赞，原来他老人家每天都坚持做90次斜蹲，是斜蹲使他大腿肌肉坚实有力，在如此高龄仍能健步行走。

8.并膝斜架蹲起

做法：两腿并拢，屈膝下蹲，用肩部顶住配重片的阻力杆，然后用伸膝的力量使配重片上升直立，直至两腿伸直，这个练习能发展股四头肌，同时能发展髌骨周围的肌肉及软组织。（如图2-166、图2-167）

要点：一定要斜靠身体，用力向后上顶。

呼吸：顶前吸气，顶中换气，顶直再调整呼吸。

作用：能有效地发展股四头肌，对膝关节有益。

图 2-166

图 2-167

9.仰卧斜蹲起

做法：仰卧斜蹲架上，两腿用力向斜上蹬出，直至两腿伸直。（如图2-168、图2-169）

图 2-168

图 2-169

要点：深屈膝，两脚掌紧贴底板。

呼吸:用力蹬伸时吸气,慢慢放下时呼气。

作用:发展股四头肌效果上佳,对有腰伤者好。

10.屈足顶杠

做法:直立,两肩顶住杠杆,两足站在垫木上,然后用屈足之力向上顶杠,使小腿肌充分收缩。(如图 2-170、图 2-171)

要点:身体约与地面成 80°角,便于小腿向上用力,注意用大脚趾发力,前 12 次动作要标准、幅度大,后 8 次中等幅度即可,以肌肉发热、发胀为度。

呼吸:发力时吸气,还原时呼气。

作用:能有效地发展股四头肌,对提升弹跳力也有益。

图 2-170

图 2-171

九、如何使小腿线条分明

小腿肌肉因块较小,往往容易被忽视,实际上小腿肌肉多,肌纤维数量多而纤长,线条分明、坚实有力的小腿是很美的。生活与运动都和小腿密切相关,如走、跑、站、跳都离不开小腿。针对男子小腿肌肉不够发达的问题,我国的健美比赛特别增加一个竞赛项目即最佳小腿(只针对男子比赛)。

小腿三头肌位于小腿后面浅层,由腓肠肌和比目鱼肌组成,屈足肌群则在小腿后面深层,其主要功能是使小腿屈和足屈。在走、跑、跳时,这些肌群对屈足起很重要的作用。

1.负重提踵

做法:肩负杠铃,足趾下可垫木板或铃片,然后做直膝提踵动作,连续做。(如图 2-172、图 2-173)

要点:做提踵时应特别注意身体重心的位置,不要在做前有意将其前移,因为这样练习很容易,但效果极差。脚下应设垫木使足趾屈,这样可防止重心前移。

呼吸:尽量自然呼吸,即用力提踵前吸气,动作完成后呼气。

2.骑人提踵

做法：练习者弓身站立在一块 10 厘米高的垫木上，双手扶持支撑物（木凳、山羊、器械），待同伴骑在身上后，立即做连续屈足动作。

要点：同伴骑在练习者的腰部，屈足要充分，最好在屈足到最高点时停留 6 秒钟左右，以加强刺激。

3.练习架提踵

做法：斜靠在练习架上，肩部顶住阻力杠，两脚平行直立，间距约 10 厘米，用力向上垫脚。

要点：肩部和膝部要承重，屈足到最大限度。

呼吸：呼吸方法同负重提踵。

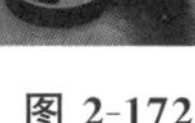
图 2-172

图 2-173

4.直膝斜板屈足

做法：斜卧在斜蹬架上，足平蹬底板，两腿伸直，然后用力屈足。（如图 2-174、图 2-175）

图 2-174

图 2-175

要点：顶住底板，用力屈足。

呼吸：用力时吸气，还原时呼气。

作用：发展小腿三头肌。

5.坐姿提踵

做法：将两腿屈成90°，顶住软板，然后用力向上屈足。（如图2-176、图2-177）

要点：一要顶住，二要向上屈足。

呼吸：用力时吸气，还原时呼气。

作用：发展小腿三头肌。

图2-176

图2-177

6.壶铃蹲跳

做法：练习者全蹲后，双手握住重物（大壶铃等），然后伸膝、抬上体、屈足，使身体垂直向上跳起。（如图2-178、图2-179）

要点：预备姿势要做到二直：即臂直和腰直；跳起时要做到三伸：膝部、髋部、踝部充分伸展。

呼吸：用力蹬伸时吸气，下蹲时呼气。

图2-178

图2-179

发展股后肌群的有效练习主要有：

1.腿弯举

做法：俯卧在屈腿练习器上，两足钩住圆筒，脚跟靠拢，脚趾外分，两腿用力向前弯曲：将配重片拉起，直至其触及臀部，复原后再做。也可用脚勾住拉力器做。（如图 2-180、图 2-181）

要点：不同做法能发展股二头肌的不同部位：如俯卧撑起的同时将负重拉起，主要发展股二头肌上部；当开始牵拉负重时，上体由原来的俯卧撑姿势变为在练习器上平卧，这样练的结果是股二头肌中部肌肉得到发展。不论做哪种练习，负重拉起后，都要使圆筒尽量靠近臀部。

作用：发展股二头肌的专门练习。

图 2-180

图 2-181

2.双腿抬腿弯举

这是一项极好的双屈腿练习，应多练。图略。

十、如何使臀部结实、圆凸

臀部、髋部是人体重心所在，很具美感。塌臀、宽臀都不美，而圆凸、坚实的臀很美。使臀部结实、圆凸的办法有：一是下大力气发展臀部肌肉，二是注意全身减脂，尤其是女性要重点减臀、腿部位的脂肪。

臀部的肌肉有臀大肌、臀中肌和臀小肌等，它具有后伸、旋外、外展等功能。发展上述肌肉的主要练习有：

1.俯卧直腿上摆（背腿）

做法：足踝部捆上沙袋，俯卧在山羊（或跳桌上）上，两手抱握住器械两侧，然后两腿交替用力向上摆起，直至最高位，还原后再做。图略。

要点：做时要使下腹紧贴长凳，上摆时尽力向上举腿，然后慢慢放下，通过退让性动作来发达臀部肌肉。

呼吸：用力上摆大腿时吸气，还原时呼气。

2.站立后摆腿

做法：足负重，两手扶墙或扶山羊，然后向后摆腿至最高处，复原后再做。（如图 2-

182、图 2-183）

要点：向后上方摆大腿时，一定要摆向正后上方，这样臀大肌的用力集中，因而锻炼效果好。

呼吸：后上摆时吸气，还原时呼气。

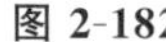

图 2-182

图 2-183

3.硬拉杠铃练习

做法：两脚与肩同宽，双手正握杠铃，挺胸、抬头、腰收紧，下蹲直至杠铃低于膝盖或更低，但大腿保持与地面平行即可，上拉时，腰臀用力，直至上体充分伸直。（如图 2-78、图 2-79）

要点：挺胸、收腰、抬头、膝盖不能超过脚尖。

作用：主要发达腰肌、臀大肌、股四头肌（深蹲股二头肌）、竖脊肌。

说明：脚跟踩在木板上或杠铃片上，对发展臀大肌效果更好。

第三章　锻炼肌肉的方法

内容提要：讲述运动量的要素——强度、组数、次数和密度；超负荷、超补偿的定义；发展肌肉的基本方法；使肌肉线条鲜明的训练方法；使肌肉快速生长的先衰竭训练法；乔·韦德健美训练法则的基本内容。

一、运动量要素——强度、组数、次数和密度

要发展肌肉，应该懂得最基本的解剖知识，这样才能选择有效的动作进行练习。该如何练才有效？运动量应如何安排？这些问题的答案是每位健美锻炼者都应掌握的基本知识。

发展肌肉与进行力量训练一样，要安排好运动量：即运动的强度、组数、次数和密度。

（一）强度

即负重量、抗阻力的大小。发展肌肉通常采用的中等重量约为极限强度的60%。到一定阶段应冲击一次最高重量即极限强度。健美运动员的强度过一阶段就应有所增加，一方面这是让已适应的情况有所变化（变异性规律），另一方面是加强对肌肉的刺激——超负荷原则。

健美锻炼者安排强度（重量）大体有以下两种方式：

1.高峰平台式

方法：杠铃重量逐渐增加，加到练习者当日体力所能举的最高重量（100%）后，立即减少（70%～80%）。（如图3-1）

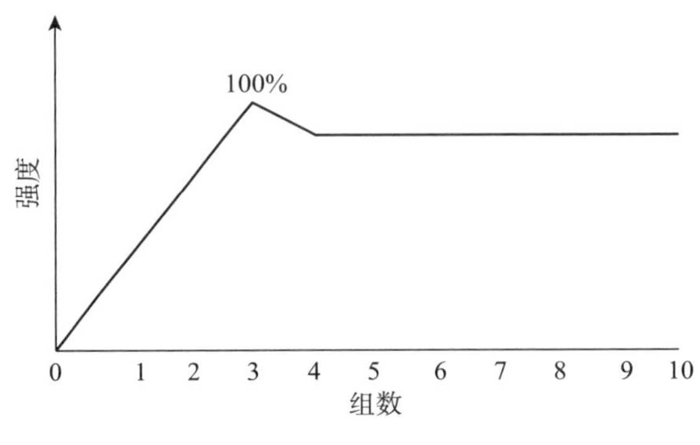

图 3-1　高峰平台式

分析:这种加重方式,是提升最大力量常用的加重方式。它既满足最大强度(重量)的要求,能提高神经的集中程度,又有有效组数训练(中等强度)的支持,对发展肌力很有效。

2.平台式(有效组数训练法)

方法:轻微热身活动后,马上固定一个重量进行反复的训练,一般用一个重量做 2～6 组;固定重量坚持训练,直到最后训练完成,这样虽然对神经刺激不大,但对肌肉的刺激很强。在体力一般的情况下,往往采用这种中小重量固定训练的方法,以刺激肌肉快速生长。(如图 3-2)

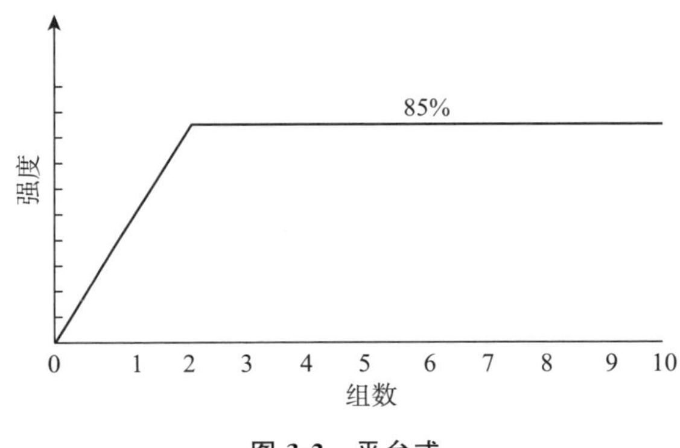

图 3-2　平台式

(二)组数

组数,简而言之:就是使用器械的次数。练局部肌肉(指 1～2 块肌肉)时,通常练满中小组数即可;而练综合肌群(指 3 块以上肌肉)时,则采用多组训练才会有明显的效果。弯举、肘下压、仰卧飞鸟、侧平举等是局部肌力练习,而三大举即卧推、硬拉、深蹲则是综合肌群练习。

初学者一般一个局部肌肉练习练 2～3 组,综合肌力练习则练 6 组,一次训练课练 1 小时 15 分钟左右,练 20～25 组即可。

有一定训练基础的人则要增加一定组数,局部肌力练习通常练 4～6 组,综合肌力练习则练 8 组。一次训练课练 1.5 小时左右,30～40 组。

健美运动员要不断变更负荷量，加大对肌肉的刺激。通常一块局部肌肉选2～3个动作练，每个动作练8组左右；综合肌力练习则练10组左右，一次训练课练40～50组，每次练2小时～2.5小时。有些优秀健美运动员，如我国女子健美精英张萍、魏媛，男运动员王力劲等，训练非常刻苦，每次课练到60组左右，密度也很大，间歇时间极短；针对一块肌肉的练习达24组，而一个团身起坐动作反复练习数百次，甚至上千次，所以他们腹部的脂肪极薄，有鲜明的肌肉垒块，这是很难得的。而国际健美大师如穆罕默德·麦卡威等，其运动量大得惊人，针对一块肌肉的练习练过32组。总之运动量因人而异，不能千篇一律，要通过反复实践，掌握适合自己的负荷量。

(三)次数

这里指的是每组所做的次数。通常以1～3次为少次数，其主要目的是发展最大力量；冲击最高成绩时所做的8～12次为中次数，其主要目的是刺激肌肉生长，发达肌肉，长肌肉块；15次以上为多次数，其主要目的是减少肌肉中的脂肪含量，使肌肉线条鲜明、清晰。减肥者需进行有氧训练，即用轻重量，多次练习。如仰卧起坐等多达数百次乃至上千次。

(四)密度

密度即指每组之间的间歇。间歇2～3分钟为小密度；1～2分钟为中密度；1分钟以内为大密度。密度对不同的人的意义不同，减肥者为了达到有氧训练的目的，通常采用大密度的训练。健美运动员在比赛期，为了使肌肉线条清晰，减掉身上多余的脂肪，也常用大密度、多组数、多次数的训练方法来“拉线条”。

亚洲健美小姐、东北姑娘董革训练非常刻苦。她在赛前训练通常采用全天满负荷的训练法，使体脂降得很快。比赛时其刚柔相济的健美体格给裁判、观众留下了极深的印象。

二、什么是超负荷和超补偿

要想使肌肉发达，首要的是给予所练的肌肉以强刺激、深刺激，这样才能促进肌肉的生长和发育。肌肉对外来的刺激会不断适应，一旦适应了就不会快速生长、发育，这是适应性规律。为此，就要不断地加大负荷(强度、运动量等)，给肌肉以更新、更大的刺激，这就要不断地超过原来的负荷——超负荷规律。

超负荷的刺激要适当控制在人体所能承受的范围内，这样可以防止受伤或过度训练。超负荷能给人体带来“超量恢复”。超负荷的刺激会给肌肉带来疲劳，经过短时间的恢复和营养补给，机体的机能会跃至比原来更高的水平，肌肉会获得更快的生长和发育，这就是超补偿。(如图3-3)

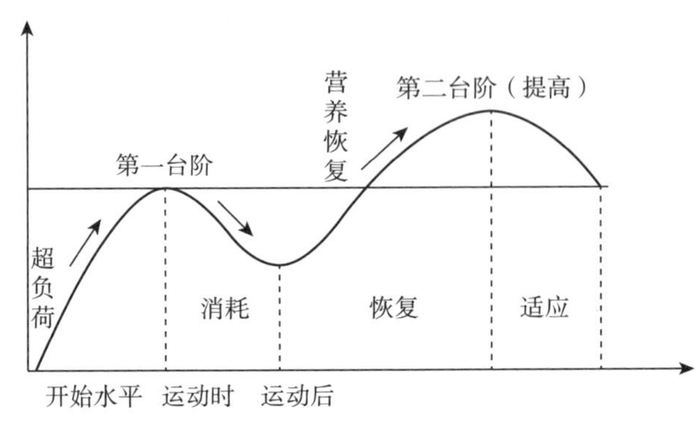

图 3-3　超负荷与超补偿

在肌肉训练过程中怎样才能做到超负荷呢？在实践中我们总结出 6 个字，即极限、慢速、牵张。

极限——每组训练要做到做不起来为止。要集中刺激每块肌肉，练到疲劳为止。

慢速——每一次上举或放下都要慢速进行。例如 12 秒深蹲，就是规定蹲举一个重量时(中等)要 6 秒下蹲 6 秒起立，这样对股四头肌等肌肉的刺激极强。

牵张——每一次要让肌肉达到最大收缩，但还原是要留有余地，使肌肉一直保持紧张状态。例如：采用团身起坐练腹肌(上腹部为主)，常规做法是后仰至后背着垫(地)算一次完整动作，这样就会使腹直肌被充分拉长，每做一次就会有一个间歇时间，刺激便不会深。正确的做法是，慢慢地后仰，低头，含胸，团身，两膝微屈，固定踝部，待团身的后背接近垫子时，不再向下打开腹部，而是立即起坐，这样做比常规做法有效，因为它刺激上腹部更强。

实践证明，做到了极限、慢速、牵张，就会给肌肉以最强的刺激，这样就会因超负荷达到超补偿，肌肉能更快地生长发育。

在肌肉训练过程中怎样才能做到超负荷和超补偿呢？我们认为在训练中应体会到另外 6 个字，即发热、发胀、发鼓。

发热——所训练的肌肉的皮肤发热。训练前，局部肌肉和全身一样，温度是恒定的，训练到一定阶段，不断对这块肌肉的刺激促进了该部位的血液流通，从而使该肌肉充血，血是热的，温度传导到表皮就有发热的感觉。

发胀——锻炼肌肉的过程是通过肌肉收缩使其起止点相互靠拢，固定不动或慢慢分开的过程。肌纤维得到牵张、拉伸，长时间的练习会使肌肉纤维变粗。肌肉块是由很多肌纤维组成的，因而，当肌纤维变粗时，该肌肉就有发胀之感。

发鼓——训练前后肌肉的围径通常有 1～2 厘米的差距，有经验的健美运动员训练时，总要准备一条皮尺，随时测量所练肌肉的围径，力争达到最大值或者有所超出。用这个方法来进行训练效果明显，值得提倡。

总之，在肌肉锻炼中要记住 12 个字，即极限、慢速、牵张、发胀、发热、发鼓，用这 12 个字来指导训练就会使肌肉快速生长、发育。

三、锻炼肌肉的基本训练方法

1.动力训练法

做这种训练时,肌肉在收缩,长度缩短,肌肉的起止点向中心(肌腹)靠拢,因而又叫向心练习。目前这种方法运用得很普遍,约占肌力训练的 70%。可用杠铃、哑铃、壶铃、拉力器及综合力量练习架等器械进行练习。

在负荷安排上,要安排好强度(重量)、组数、次数、密度,还要注意动作速度。据研究:动作速度快对发展爆发力有利,因为速度力量指数 I 等于绝对力量 F 除以时间 t,即:$I=F/t$。

而混合速度对增长力量有利,慢速和中速则对发展肌肉有益。

综上,采用动力练习法来发达肌肉,其运动量通常为:

强度:中等,极限强度的 60%～80%。

组数:中等 6～8(综合肌力练习可做到 8～10 组)。

次数:中上 8～10 次(综合肌力练习可做到 5～8 次)。

密度:中等,间歇 1～2 分钟。

速度:慢速。

用公式表示为:

$$\text{动力练习:}\frac{\text{中等重量}}{8\sim10\text{次}}(8\pm2)\text{组}$$

例如:有位初级健美运动员,其弯举最高重量为 40 公斤,要想发展肱二头肌,则弯举采用 30 公斤 8 次 6 组。即用 30 公斤做 6 组,每组尽力做 8 次。

又如:有位健美运动员其卧推最高重量为 100 公斤,他想发展胸部肌力。练卧推能发展胸大肌、三角肌前部、肱三头肌和前锯肌,是一个综合力量练习,所以以 60～80 公斤练习卧推,练 5～8 次,共练 8～10 组。即用 60～80 公斤的重量做 8～10 组,每组做 5～8 次。轻时多举几次,重时则少举几次,不论轻重都应尽力做到力竭为止。

2.静力训练法

这种方法又叫等长练习法。它是让肌肉就某个固定姿势用力,肌肉长度不变但张力发生变化。通常静止用力 6～10 秒,这样对某一肌群有更深的刺激。运动负荷安排上要注意以下几点:

强度:较大,极限重量的 80%～90%。

组数:较少,2～4 组。

次数:少,1～2 次。

时间:每次静止用力 6～10 秒。

速度：完全静止。

用公式表示为：

$$静力练习：\frac{80\%\sim90\%}{6\sim10\text{ 秒}}(2\sim4\text{ 组})$$

例如：有位健美运动员练肱二头肌，他的立姿弯举的最高成绩为50公斤，他采用静力弯举时：

$$静力弯举：\frac{45\text{ 公斤}(90\%)}{6\sim10\text{ 秒}}(2\sim4\text{ 组})$$

3.退让性训练

这种方法又叫反向练习。它正好与动力练习相反，是让已收缩的肌肉被动拉长，做相反的动作。这种退让性训练对肌肉刺激强、作用大。

运动负荷安排上要注意以下几点：

强度：采用大重量或极限以上的重量，即极限重量的110%～120%。

组数：较少，通常做2～3组。

次数：通常做2～3次。

时间：每次退让性训练的时间为6～8秒。

密度：间歇2～3分钟。

速度：反向退让要慢慢控制速度，才能起到好的效果，因为这样对参与动作的肌肉刺激强。

用公式表示为：

$$退让练习：\frac{90\%\sim120\%}{2\sim3\text{ 次}(6\sim8\text{ 秒/次})}(2\sim4\text{ 组})$$

例如：一个健美运动员他的最大深蹲（发展腿力）重量为160公斤，他采用退让深蹲练习时就应用145～190公斤的重量做2～4组，每次用时6～8秒。

4.动静结合法

其方法是把动力练习和静力练习有机地结合起来，先动后静，即先做动力练习至极限，然后采用特定姿势，固定特定角度静止用力6～8秒，可练2～4组。

例如：动静结合的弯举（发展肱二头肌），先用60%～70%的重量做6～8秒，而后固定肘关节使上臂和前臂的夹角呈90度，坚持6～8秒，做2～4组。

四、使肌肉线条鲜明的训练方法

使肌肉线条鲜明、突出的主要方法有二：一是加深对肌肉的刺激，二是要减少肌纤维中的脂肪含量。

1.同类动作组合法

该方法是针对发展同一群(或一块)肌肉的相似动作,采用不同器械集中对其依次练习,以加深对该组或该块肌群的刺激。

(1)发展肱三头肌就需要把各种不同做法的臂屈伸组合起来,依次进行练习,以实现对肱三头肌各个头、各个部位的全面刺激。具体训练方法如下:

①立式颈后臂屈伸:用60%的重量做6组,每组8次;

②弓身单臂屈伸:用70%的重量做6组,每组6次;

③仰卧臂屈伸:用60%的重量做8组,每组8次。

(2)发展肱二头肌则需要将各种臂弯举组合在一起进行训练。具体训练方法如下:

①立式弯举:用60%的重量做6组,每组8次;

②单臂弓身弯举:用60%的重量做6组,每组8次;

③斜板垫肘弯举:用60%的重量做6组,每组8次。

(3)发展三角肌则要把各种不同的平举和颈后推组合在一起,进行集中刺激。具体训练方法如下:

①立正提拉(前束):中重8次,6组;

②哑铃侧平举(中束):小重8次,6组;

③弓身侧平举(后束):小重8次,6组;

④颈后宽推(全部三束):中重5次,8组。

(4)发展背阔肌要把各种不同方位的拉引动作和引体向上动作组合起来。具体训练方法如下:

①下拉(由上至下):中重8次,6组;

②划船(由前至后):中重8次,6组;

③卧拉(由下至上):中重6次,6组;

④引体向上:自重,尽力做4组。

(5)发展胸大肌要把各种不同体位的卧推和仰卧飞鸟、双杠宽撑组合起来,具体训练方法如下:

①上斜飞鸟(上胸):小重8次,6组;

②上斜卧推(上胸):中重6次,8组;

③下斜飞鸟(下胸):小重8次,6组;

④下斜卧推(下胸):中重6次,8组;

⑤双杠宽撑(胸部):自重,尽力做4组。

(6)发展腹部肌则更要集中刺激,连续做数百次动作才有效果,具体训练方法如下:

①仰卧团身起坐:水平高者每组负重做150次;

②蛙式半身起坐:每组尽力做80～100次,共300次;

③腿搁凳起坐：负重或不负重，共 150 次；

④收腹举腿：可采用双人对抗，150 次；

⑤仰卧屈腿起(元宝)：100 次。

(7)发展股四头肌要把各种腿屈伸组合起来进行练习，具体训练方法如下：

①坐姿双人对抗腿屈伸：8 次再加 8 秒静力，4 组；

②综合力量架腿蹬出：8 次，4 组；

③前蹲、后蹲、静蹲、半蹲：8 组；

④退让蹲、箭步蹲等综合肌力练习：选 1～2 项进行练习；

⑤负重登板凳：10～15 次，4 组。

(8) 发展股二头肌，要把各种弯举组合起来，具体训练方法如下：

①站姿单腿弯举：10～15 次，8 组。

②俯卧弯举对抗：8 次，最后加 8 秒静力，4 组；

③俯卧拉力器弯举：10～15 次，6 组。

(9)发展小腿三头肌要把各种提踵练习组合起来，需进行多次数的集中练习，一周至少重复 3 次以上才会取得显著效果。具体训练方法如下：

①负重提踵(立姿)：30 次＋10 秒，5 组；

②骑人提踵(弓身)：20 次＋10 秒，5 组；

③坐姿提踵(坐姿)：25 次＋10 秒，5 组；

④蹲姿负人提踵(蹲姿)：20 次＋10 秒，5 组。

2.减少重量续做法

训练开始用较重的重量做到极限(8～10)次，紧接着由同伴减少重量后再做到极限(4～6 次)，然后由同伴将重量再减少，再重复做到极限(4 次左右)，如此连续做 3 组左右，肌肉将极度紧张，得到最大的刺激。在有条件的地方进行单人训练时，可提前准备好大、中、小 3 副杠铃或哑铃，先做大重量，再用中重量连续做，最后用小重量坚持做到极限。这种方法可使肌肉纤维充分收缩，因而对肌肉刺激得深，效果显著。具体做法示例如下：

提高肱二头肌鲜明度采用：

$$\text{肱二头肌弯举：}\left(\frac{80\%}{8\text{ 次}}+\frac{80\%}{6\text{ 次}}+\frac{80\%}{4\text{ 次}}\right)3\text{ 组}$$

肱二头肌弯举连续做 3 个不同重量算 1 组。

例如：有一健美运动员最大弯举重量为 50 公斤，其 80％则为 40 公斤，70％则为 35 公斤，60％则为 30 公斤，用降低重量续做法，就是用 40 公斤尽力做到最后一个，再立即用 35 公斤做一组，接着用 30 公斤做一组，其表达式为：

弯举：(40 公斤＋35 公斤＋30 公斤)×3 组

3.降低难度续做法

做腹、背肌训练时，不同难度的动作对肌肉不同的部位刺激是不一样的，不同难度的动作对肌肉刺激的深度也是不一样的，为了加深对肌肉的刺激，在高难度下完不成后应立即降低到中等难度再做；在中难度完不成动作时再降低到低难度，困难度降低时还可能再做几次，这样就加深了对肌肉的刺激。难度可以降低，但都要尽力来做，在每个难度下都要做到极限。

如果做斜板起坐，开始可以在60°的高位做仰卧起坐，尽力做15～20次；再降低难度在45°斜位上做仰卧起坐10～15次；最后再降低难度到25°角做仰卧起坐，至一次也起不来为止。这样算一大组，共做三大组，这样刺激得深，对提高腹直肌(上部)的鲜明度十分有效。

同样做收腹举腿发展下腹时，也可逐渐降低难度连续做：

(高斜板收腹举腿＋中斜板收腹举腿＋低斜板收腹举腿)×3

尽力做。

4.循环训练法

把同类或不同类的动作编排在一大组内，分为4～8个阶段，然后按顺序一个接一个地进行练习；做到规定次数后，即快速转换到下一阶段进行锻炼；待所有的阶段都全部做完后，该大组训练结束。(示例见图3-4)这种训练属于有氧训练，对去脂减肥，增加肌肉的鲜明度大有好处。

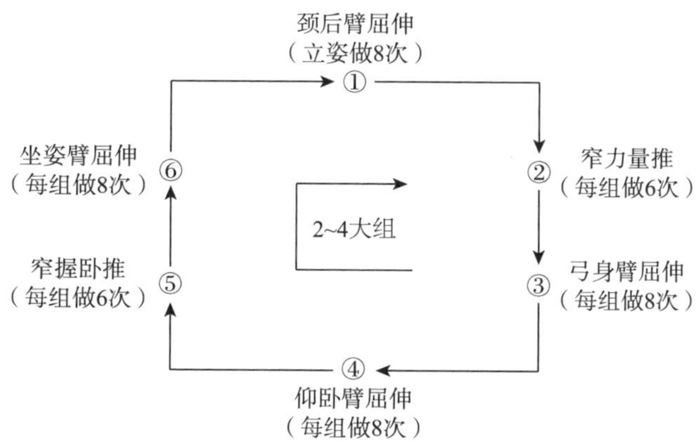

图3-4 发达全身肌肉的循环练习

五、使肌肉快速生长的先衰竭训练法

先衰竭原理：要想发展哪块肌肉(肌肉群)，先给它一个刺激，使之疲劳，在疲劳未恢复之前再给它以新的刺激，这块肌肉(肌肉群)在深刺激时就需要更多的营养才能得以恢复，在恢复措施跟上以后，肌肉就会得到超常量恢复，因而能更快地生长、发育。

先衰竭训练法其具体做法是：要想发展哪块肌肉，先选择发展这块肌肉的孤立(局部)

肌肉练习来训练，做 8～12 次，直至疲劳；使其衰竭后在 3～5 秒之内跑向另一个器械，再做一个以发展这块肌肉为主的综合肌肉群练习，用 70%的重量做到极限，这样交替训练 4 组左右。实验研究表明，这样能有效地刺激肌肉生长，促其发育。裔程洪教授曾对两名各有 10 年锻炼经历的健美运动员（国家级）进行对照试验，其中一位重量级选手进行了近 10 个月的锻炼，第 1 至 2 项主要练习用“先衰竭法”，在伙食保证的前提下（在运动队吃自助餐，有时一天喝 12 瓶酸奶），他取得了飞速的发展，通过使用“先衰竭法”，重点训练的上臂围有了明显的提高，一下子增加了 4 厘米；体重由 87 公斤增加至 95 公斤；腿围也有增长（腰围保持不变）。由于他的体形发生了很大的变化，在下半年比赛中，首次打入决赛取得了第二名的好成绩。

另一位是小级别选手，他业余从事健美训练已经 10 余年，由于偏重上肢锻炼，在江苏的多次健美比赛中都因为下肢过弱而被淘汰。在 27 天的训练中，他专攻下肢，一周 3 次对他的大腿采用“先衰竭”训练。其做法是先用腿屈伸双人对抗法使其股四头肌疲劳，而后在 3 秒之内，令其扛着事先准备好的杠铃（约 70 公斤）再做深蹲（或前蹲），使大腿在疲劳的状况下接受第二次刺激，做完这两个先后进行的同类练习之后休息 2～3 分钟，再做第 2 组。一次训练课先练 6～8 个大组，再进行其他项目的训练。他这样锻炼了 27 天，取得了惊人的进步，大腿围由原先的 51 厘米增加到 57 厘米，后深蹲由 110 公斤增加到了 150 公斤，下半年他再度参加江苏省健美冠军赛，首次打入决赛圈，一举夺得全省冠军。

从这两个实例中运动员的前后对照能看出：“先衰竭训练法”能有效地刺激肌肉生长发育，经过多年训练仍提高甚微者不妨一试。下面介绍其具体锻炼法：

1.用先衰竭训练法锻炼胸大肌

发展胸大肌的局部有效练习是各种不同体位的仰卧飞鸟，如斜上仰卧飞鸟、下斜仰卧飞鸟等；而发展胸大肌的综合肌群的练习是卧推（中、宽、窄三种握距），它除了发达胸大肌，还能发展肱三头肌、三角肌前束和前锯肌。如将仰卧飞鸟和卧推结合起来进行训练，则效果比单纯地练其中一种要好。其方法是：运动员先用只能举 8～10 次的重量做仰卧飞鸟练习直到举不起来，紧接着再到卧推架前用事先准备好的 60%～70%的重量做卧推，尽力坚持多举几次，直到举不起来算一组，共做四组左右，累计总运动量为八组，约 50 次左右。

表达式为：

（1）仰卧飞鸟：8～10 次，4 组；

（2）卧推：5～8 次，4 组。

2.用先衰竭训练法锻炼三角肌

发展三角肌的练习是各种方向的平举（侧平举、前平举、弓身侧平举）。发展三角肌前束的动作有掌心向下的侧平举等；发展三角肌后束主要动作是弓身侧平举；发展三角肌的综合练习是颈后宽推，这个练习既能发展三角肌又能发展肱三头肌，对胸大肌、前锯肌也有好处。为了有效地发展三角肌，应将各种平举等局部肌力练习和颈后宽推综合练习组合在一起练。其做法是：运动员先用只能举8～10次的重量做哑铃侧上举，直到起不来，紧接着跑到放置在另一侧的杠铃前，用杠铃做颈后推举（70%的重量）直到举不起来为一大组，共做四大组。

表达式为：

(1)侧平举（局部）：8～10次，4组；

(2)颈后宽推：5～8次，4组。

3.用先衰竭训练法锻炼肱三头肌

肱三头肌局部肌肉练习为各种臂屈伸，如颈后臂屈伸、弓身臂屈伸等，而其综合练习是窄握力量推，将这两种有效练习有机结合在一起，训练效果会比较好。其做法是：运动员先做颈后臂屈伸8～10次，直至疲劳然后迅速跑向深蹲架前拿起架上事先准备好的杠铃（杠铃重量为自己最高重量的60%～70%），连续举，直到起不来为一大组。做四大组后，肱三头肌就会很胀，这说明刺激很强，只要营养跟得上，肌肉很快就会得到发展。

表达式为：

(1)法式臂屈伸：8～10次，4组；

(2)窄握力量推：5～8次，4组。

4.用先衰竭训练法锻炼背肌

发展背肌的有效局部肌力练习是负重山羊挺身，而发展背肌的综合练习则是弓背、直腿硬拉等。为了加深对背肌的刺激，可以采取如下的方法，先在山羊上做负重挺身10～15次，直到挺不起身为止，紧接着跑向准备好的杠铃前，做直腿硬拉练习5～8次直到提不起为止。将这两个练习组合在一起训练4组，背肌就能得到很好的刺激。

表达式为：

(1)山羊负重挺身：10～15次，4组；

(2)直腿硬拉：5～8次，4组。

5.用先衰竭训练法锻炼股四头肌

发达股四头肌的局部肌肉练习是腿屈伸（负重腿屈伸、对抗腿屈伸等）；发达股四头肌的综合练习是下蹲（胸前深蹲、颈后深蹲、半蹲、退让蹲、静蹲、箭步蹲等）。

先衰竭训练法的具体做法是：运动员先做发展股四头肌的局部肌肉练习——负重腿屈伸，尽力做8次左右。紧接着做发展腿部肌肉的综合肌肉群——深蹲，尽力做5～8次，这样交叉轮换做四大组（八组），约60次后，股四头肌就会因为刺激强而发胀。

表达式为：

(1)负重腿屈伸：8～10次，4组；

(2)深蹲：5～8次，4组。

6.用先衰竭训练法锻炼背阔肌

发展背阔肌的局部练习是下拉和宽握颈后引体向上、后拉等;发展背阔肌的综合练习是卧拉。用先衰竭训练法练背阔肌的具体做法是:运动员先做颈后宽握引体向上(局部肌力练习),使背阔肌疲劳,在 3 秒之内跑向卧拉蹬前做俯卧拉(综合肌力)直至疲劳。做完一大组后休息 2 分钟,再做第二组,四大组做完之后,背阔肌就会充分发胀。

表达式为:

(1)宽握颈后引体向上:15 次,4 组;

(2)俯卧拉:8 次,4 组。

先衰竭原理之所以先进,是因为从理论上讲它符合极限负荷后的超量恢复的规律。机体精疲力竭之后,首先功能会大大减退,但消除机体的疲劳后,机体会由适应到提高,超过它原有的水平。

六、乔·韦德健美训练法则

国际健美联合会(IFBB)主席本·韦德的胞兄乔·韦德是一位德高望重的健美大师,他亲自培养和造就了一些奥林匹克精英。他总结了 32 条健美训练法则,这些法则针对性、实用性极强。下面分别介绍。

(一)初练者的健美训练法则

1.渐进性超负荷法则

逐渐增加锻炼组数、强度和每周锻炼次数,逐渐减少间歇时间。初练者有一个逐渐适应的过程,因此应循序渐进。只有逐渐加强对肌肉的刺激,才能促进其生长和发育。初学者前 3 个月负荷量是逐渐增加的。如乔·韦德健美训练体系课程图规定,卧推、提踵等 15 个练习每周练 3 次,采用轻重量(最大深蹲重量仅占体重的 35%),所有动作只做 1 组。第 2、3 个月,则增加到每个动作练 2 组,次数也逐渐增加。如卷腹和仰卧起坐,第 1 个月要求做 12 次,而第 2 个月则要求做 15 次,第 3 个月要求做 25 次。

2.多组练习法则

初期锻炼全身的 15 个动作,开始时每个动作只做一组,向后逐渐增加所练的组数。增加组数就是增加数量,对提高训练水平、加强对肌肉的刺激至关重要。

3.孤立锻炼法则

尽可能地针对想要发展的肌肉练习,不借助其他外力。这条法则非常重要,特别是局部肌肉练习时更应注意不借助外力,为精确锻炼该块肌肉就要慢速动作,另外要设法限制其他肌肉群参与工作。如由美国著名健美教练文斯首创的垫肘弯举,就是通过把肘关节固定在斜板上,而只能用肱二头肌收缩用力将重物举起的练习,故名为“文斯垫肘弯举”。

4.动作多变法则

锻炼课程要经常变化,造成不适应,这能增加锻炼者的兴趣。肌力训练有一个规律,当几个固定动作采用恒定运动负荷量训练一阶段后，机体就会逐渐适应，肌力就不会提高或提高甚慢，此时采用变异性训练法，可促进机体发生变化，从而进入新的适应过程。

例如：采用仰卧飞鸟 30 公斤/8 次/4 组，在训练一个阶段后，如胸围提高甚微，则应适时变换训练手段和方法，可采用斜板飞鸟等动作，通过增加训练次数和强度的方式来发展胸大肌，增加胸围。

(二)中级阶段训练法则

1.优先锻炼法则

把练习的重点或形体的弱点放在第一项来练，强度应较大，组数应较多，这样练得集中，对这块肌肉刺激就深。例如有些人上肢围径大，但因不喜欢练腿而使下肢显得瘦小，上下肢不成比例。这时就应突出重点，锻炼腿部，在以后的训练中把增强腿部肌力摆在第一位，先练深蹲(腿的综合肌力训练)，再练腿屈伸(腿的局部肌力训练)，并保证组数、次数，适当提高训练强度，经 1 个月的训练就会有变化，3 个月会有显著变化。

2.金字塔法则

像金字塔从低到高那样由轻至重增加强度，科学实践证明，强度是重要的因素，只有不断提高训练强度才能加强对肌肉的刺激，促进肌肉的生长、发育。目前加重的最好方式应是高峰平台式，动作由轻至重，直到最高峰(极限重量)，而后再减下来用中等强度(80%～85%)做几组，这是有效组数，对发展肌肉效果很好。

3.分部练习法则

把全身分成若干个部分来分别锻炼，以达到集中刺激的目的。建议把全身分为六个部分，分两次进行训练：

第一次训练：胸、肩、腹。

第二次训练：背、臂、腿。

颈部不单独训练。经过一个阶段的锻炼，以上部位会变得粗壮。

4.大量充血法则

采用同类的不同动作刺激某一部位，使该部位的肌肉大量充血促其生长，例如练胸部可以一次性采用颈上卧推、哑铃飞鸟、拉力器内收、宽撑双杠四个动作。

5.超级组训练法则

根据巴甫洛夫学说，将对抗肌放在一组内做，这有利于疲劳的消除。例如：上肢肌中肱二头肌和肱三头肌是对抗肌，肱二头肌使前臂屈，而肱三头肌则使前臂伸。训练时，先作屈肌如文斯弯举，紧接着做法式臂屈伸，会有利于屈肌疲劳的消除。

表达式为：

(1)弯举：8RM①，8 组；

---

① RM 是 repetition maximum 的缩写，指的是最大重复次数。8RM 指的是做 8 次就力竭。

(2)臂屈伸:8RM,8 组。

(3)腿屈伸(股四头肌):8RM,8 组;

(4)腿弯举(股二头肌):8RM,8 组。

6.复合组训练法则

接连进行两个锻炼同一部位肌肉的动作,以加深刺激。例如:练小腿三头肌时,为加深刺激,把有效练习骑人提踵和坐姿提踵放在一块练。

表达式为:

(1)骑人提踵:15～20RM,6 组;

(2)坐姿提踵:15～20RM,6 组。

7.综合练习法则

为使肌细胞增大,必须做从多到少的各种不同次数的组合练习,例如练三角肌时采用颈后宽推较为有效。采用综合练习法时就应先用较大重量举 10 次,紧接着降低重量再举 8 次,接着举更小的重量 6 次,3 种不同重量、不同次数举完算一大组。通常做四大组此种练习,肌肉刺激就会很强。

表达式为:

颈后宽推:$(\frac{75\%}{10\text{次}}+\frac{65\%}{8\text{次}}+\frac{5\%}{6\text{次}})$

8.周期法则

不同时期有不同的训练重点,按训练时期来安排训练的原则,叫周期法则。

准备期——以围度为主攻目标。在这个阶段应多安排大强度的综合练习,如“三大举”(卧拉、硬拉、深蹲),采用大重量(80%～100%)、多组数(8～10 组)、少次数(1～3 次)的训练方法。

比赛期——以拉线条为主要目标。多采用“减低重量续做法”“减低难度续做法”“大量充血法”及“循环练习法”,以加强对肌肉的刺激,减少肌纤维中的脂肪含量。

过渡期——减量、调整,使大赛后机体疲劳能得以消除,从而迎接新的更艰苦的训练。

9.静力紧张法则

做这一动作时,固定姿势不动,静止用力 3～10 秒,使所练的肌肉张力不断变化,从而使该肌肉群得到更强的刺激。

表达式为:

静力练习:$\frac{40\%(80\%)}{6\sim10\text{秒}}$(2～4 组)

(三)高级阶段训练法则

1.借力强行法则(欺骗法则)

在筋疲力尽后,无法再按正确的姿势进行训练时,还要借助身体其他部位的附加力量，再做几次不太规则的重复练习。例如：直立弯举做不起来时，要使身体前倾，然后向后摆动身体，两臂借助这个摆动力量顺势屈肘，坚持再做 2～4 次。又如：用卧推练胸肌，卧推起不来时，应立即做挺髋式卧推，用挺髋之力补充双臂及胸大肌用力之不足，这样再坚持做 2～4 次，对胸大肌、三角肌前部、肱三头肌和前锯肌的刺激会加强。

2.三组合法则

对同一块肌肉，接连做三个不同的动作，中间不休息，以加强刺激，增粗血管。这个方法和复合组训练法则大体相同，不同之处是因运动员训练水平较高，可以承受更大的运动量，可以将三个不同的运动组合起来训练，使所练肌肉受到来自三个不同角度的刺激。

例如：发展前臂肌群时可以采取三组合法则：

(1)斜板杠铃腕弯举：10RM，5 组；

(2)正握杠铃弯举：10RM，5 组；

(3)前臂绕环：10RM，5 组。

3.巨型组法则

把锻炼同肌肉的 4～6 个动作连接起来做，动作之间可休息也可不休息。例如：发展大腿肌时(前群股四头肌、后群股二头肌)连续做以下六个练习，中间仅休息 10 多秒钟：

(1)滑动架斜蹲起：12 次，6 组；

(2)罗马椅蹲起：12 次，6 组；

(3)伸小腿：12 次，6 组；

(4)俯卧屈小腿：3 次，20 组；

(5)拉力器内收大腿：3 次，15 组；

(6)负重伸大腿：3 次，20 组。

4.先期疲劳法则

用局部肌力练习使该肌疲劳，紧接着做同类的综合肌力练习，其原理是先让肌肉疲劳再给予更深的刺激。这是当前发展肌肉的先进方法，被广泛采用。前文已详述，这里仅举一例说明。

胸大肌先期疲劳法：

(1)仰卧飞鸟：8RM；

(2)卧推：5～8RM。

以上为一大组，共做四大组。

5.休息—停息法则

用较大重量做同一动作，做 2～3 次后休息 30～45 秒；再做 2～3 次，再休息 40～60 秒；再做 2 次，再休息 60～90 秒；再做 1～2 次。通过反复多次休息—停息，使该部位肌肉群极度疲劳，从而加强了对该肌肉群的刺激，促其生长。例如发展肱二头肌采用：

(1)弯举：80%重量，2～3 次，休息 30～45 秒；

(2)弯举:80%重量,2～3次,再休息40～60秒;

(3)弯举:80%重量,2次,再休息60～90秒;

(4)弯举:80%重量,1～2次。

6.顶峰收缩法则

在肌肉收缩到极限时,尽力保持这一紧张状态,然后慢慢还原到动作的开始位置。例如:做站姿弯举时,肌肉从大腿末端部位收缩直至下颌,工作距离很长,极限出现在上臂和前臂的夹角处于90°～100°之间。弯举到这一部位时应保持静力收缩3～4秒,使肱二头肌得到更强的刺激。

7.持续紧张法则

慢举慢放,使肌肉一直处于牵张、收缩状态。这种训练方法适用于整个动作过程,要求肌肉收缩时要慢,放松还原也要慢。例如:练腿力时采用12秒深蹲,即6秒站起,再用6秒复原,连续做3次后,肌肉就会发胀。

又如,练腹肌采用团身起坐,倒体时,腹肌一直保持收缩状态,应低头、团身不使头颈部触垫;充分收缩使两肘触膝后,再慢慢倒体再做。

再如,练肱二头肌采用站姿,从体前大腿末端上举至下颌,要求6秒完成;由下颌还原至大腿末端还要求6秒;这样共做3次,每次12秒,总共做4～6组,肱二头肌就会被刺激得鼓起来。

8.反地心引力法则

举起重物后,放下重物回降时,用力抗住下降重物,进行退让性练习。这种方法又叫反向练习,它和动力练习相反,是让已收缩的肌肉被动拉长。这种退让动作,对肌肉刺激强,更有利于发达肌肉,增加力量。和动力练习相比,退让练习用的时间长,约比动力练习多一倍,因而刺激强、作用大。但在运动负荷安排上要注意以下几点:

(1)强度:采用大重量或极限重量的90%～120%;

(2)组数:较少,通常做(4±2)组;

(3)次数:较少,通常做1次;

(4)时间:6～8秒;

(5)速度:慢。

表达式为:

$$\text{退让练习:}\frac{90\%\sim120\%}{2\sim3\text{次}(6\sim8\text{秒/次})}(2\sim6\text{组})$$

9.强加次数法则

为了加大围径,在举不起来的情况下再在同伴的帮助下,坚持举 2～3 次,这样对所练肌肉会刺激得更强。例如用深蹲来练腿力时,应由轻到重,当举到最高重量时减少重量,用 80%～85%重量做,当下蹲 5 次或 6 次后,已非常吃力,这时不能放弃试举,而应该请身后保护的同伴,抓住你的重物帮助你再蹲举 2～3 次。卧推等练习也可采用此法。

10.双分部法则

中高级健美运动员为提高总负荷,又避免过度训练,会采用将总负荷量一分为二的方法,即一日两次训练,上午训练上体,下午或晚上训练下体,隔 10 小时再训练两次。例如:上午练肩、胸、臂、背,下午练腿、臀和腹。

11.三分部法则

精英健美运动员为加深对全身肌肉的刺激,在营养有保证的前提下进行集中刺激,一天中练三次,即早、中、晚各一次(约隔 4 小时安排一次),每次只集中练 1～2 块肌肉。如“奥林匹亚先生”麦卡威就曾经为一块肌肉采用四个动作,每个动作 8×8(即 8 组 8 次),共做 32 组。

例如练三角肌(早):

(1)两臂交替前举:8 次,8 组;

(2)两臂侧平举:8 次,8 组;

(3)弓身反飞鸟:8 次,8 组;

(4)颈后宽推:6 次,8 组。

练肱三头肌(中):

(1)仰卧颈后臂屈伸:8 次,8 组;

(2)跪姿定肘伸臂:8 次,8 组;

(3)窄握卧推:6 次,8 组;

(4)收肘下推(肘下压):8 次,8 组。

练肱二头肌(晚):

(1)斜板哑铃弯举:8 次,8 组;

(2)斜板交替弯举:8 次,8 组;

(3)肘固定弯举:8 次,8 组;

(4)拉力器屈臂:8 次,8 组。

12.烧点法则

以正常姿势做完最后一次动作,再连续做几次短而不全的动作,使血管充血,脉管变粗。例如,做收肘下推练肱三头肌,做完最后一次已无力再做完整动作时,再做几次不完整的动作。即从腹股沟(而不是从胸部)部位向下再推压 2～3 次。

又如:用弯举练肱二头肌,当做完全程弯举时,回降至胸(而不是大腿末端)部位,即用力弯举，做 2～3 次后结束本组训练，这时肱二头肌会有发烧的灼热感。

13.质量法则

减少组间休息，连续练习，目的是使肌肉充血，使脉管、纹路突出。例如：发展肱二头肌采用站姿弯举和单臂轮换弯举练习。做完站姿弯举后跑到大哑铃旁，立即做单臂弯举，右臂练完立即练左臂。两个动作做完算一大组，休息 2 分钟再如上法做第二组，共做 4 组左右，肱二头肌中间突起部分就会发鼓，这种方法能增长围径，更能使脉管、纹路突出。

14.渐降级法则

即在同伴的帮助下，逐渐降低重量进行连续练习。此种方法又称连接降重法。具体做法是：开始练习用较重的重量做到极限(8 次)，紧接着降低重量再做到极限(6 次)，然后由同伴将重量减少，再重复做到极限(4 次)，如此连续做三大组左右，使肌肉极度紧张，并得到很深的刺激。

15.直觉法则

根据自身判断来决定训练课程、饮食营养等。精英健美运动员由于训练经验比较丰富，他会对训练方法的选择本能地做出判断，这种“直觉”只有训练有素的人才有。因此，应重视并听从这些建立在实践基础上的“直觉”来安排不同的训练手段，采用不同的训练方法，进行有效的健美训练，使自己肌肉发达、轮廓清楚、线条鲜明、形体健美。

16.兼顾法则

要将大肌肉群和局部肌肉放在一个课程内练。大肌肉群练习实际是指几块肌肉同时参加工作的训练，又称综合性肌力训练；局部肌肉练习则是指一块肌肉参与工作的练习。练一块肌肉要进行综合肌群参与的练习，还要进行局部肌肉参与的练习。如练胸大肌既要安排卧推，又要安排仰卧飞鸟。卧推有胸大肌、三角肌前部、肱三头肌和前锯肌参与工作。而仰卧飞鸟主要是胸大肌参与工作，两个动作应结合起来练。练腿部(股四头肌)既应安排深蹲(综合肌群)，又应安排没有股四头肌参加工作的腿屈伸肌练习。

17.部分动作法则

进行综合练习(如力量推)时，只练其中一部分(如半推)以增大强度。例如练肱二头肌用弯举，可以分三段来练：

第 1 段：大腿末端到腹股沟。

第 2 段：腹股沟到腹中部。

第 3 段：腹中部到下颌。

18.快速法则

健美训练通常采用慢速进行，因为慢速可以增加肌肉围径。为提高肌肉质量，提高肌肉的快速力量和爆发力，应采用举重运动员的训练方法，即用最快的速度举较大的重量。

19.交错穿插法则

练大肌肉时，可于中间穿插练两组小肌肉，这样既能练到大肌肉群(腿、胸、背、肩)，又能练到小肌肉群(前臂、颈、小腿等)。如练背阔肌时,通常采用卧拉等练习,练完卧拉,立即做卷腕(练前臂肌)。又如练大腿伸肌时先采用深蹲,深蹲后练前臂绕环(前臂肌群),目的在于调节,使大肌肉不至于太疲劳。

第四章　减肥塑形篇

内容提要：

一、肥胖的成因和危害

二、减肥的基本原理

三、综合训练法加晚餐节食能有效减肥

四、有氧和无氧训练的有机结合是塑造美好形体的上佳方法

一、肥胖的成因和危害

大多数肥胖是由缺少运动造成的，属代谢性肥胖，这类肥胖约占 67.5%；少数与饮食有关，约占 3.2%；还有少部分肥胖是遗传性肥胖；也有一些是因人为因素，如服用了大量激素而造成的突然性肥胖。

在现代社会中由于物质文明的高度发展，以车代步在西方国家已很普遍，所以他们中的很多人，因缺少足够的运动渐渐肥胖起来。在我国“胖墩儿”已出现增多的趋势。“胖墩儿”主要产生于两种因素，一是缺少运动，二是饮食过量。目前学生负担过重，学校单纯追求升学率，关起门来让学生不停地做作业，有些学校还取消了体育课，减少了体育活动的场所，课间和课下不安排任何体育活动，使很多学生因运动不足而肥胖。现在小学生上、下学，家长因担心孩子的安全采取接送的办法，把孩子保护起来，使他们失去了户外运动的机会，无法养成良好的锻炼习惯，久而久之因运动不足孩子们就逐渐发胖了。

经济条件好、家长溺爱，也让很多学生零食不离手，肉食不离口，因吃得过好、过饱而造成全身性肥胖。

有些孩子在母体中就很胖。这些孩子的母亲很喜欢吃，又缺少运动，脂肪逐渐在体内堆积，因而逐渐肥胖起来，母体中的婴儿就很自然地受到了影响。

不少男子和女子在青年时期并不胖，但婚后和产后都会不知不觉地胖起来，其原因就是婚后放松了锻炼，产后顾不上锻炼，这时如果吃得多，吃得好，热量消耗得少，在体内多余的热量就以脂肪的形式贮存起来，造成肥胖。

肥胖的危害很多，主要有以下三点：

（一）肥胖影响美观

尽管有些国家（如岛国汤加）以肥胖为美，但世人大多认为肥胖、臃肿不美。近来有消息说，就连以胖为美的汤加人也在国王的号召下开始减肥。

（二）肥胖造成行动不便

脂肪能阻滞肌肉的快速收缩，给行动带来不便。另外，胖人体脂多，体脂会增加心肺功能的负担，影响有氧代谢的能力，肥胖者稍一运动就会气喘吁吁，感到气短，弯腰、下蹲都会感到不方便，而上楼梯、登高等活动就会更吃力，故减肥势在必行。

（三）肥胖会引发各种疾病

肥胖会引发诸如动脉粥样硬化、糖尿病、肾病、高血压、变形性关节炎、脂肪肝等疾病。肥胖女子怀孕后还可能引发妊娠并发症、难产等。

二、减肥的基本原理

在上健美课的时候，很多同学会这样问有关减肥的问题：我的脸胖怎么减？我的肚子大怎么减？我的腿粗怎么减？我的臀部大怎么减？我的胳膊粗怎么减？类似的问题还有很多。许多同学都以为哪胖就能直接减哪儿，其实不然，如果你了解减肥的基本原理，你就不会再问上述问题了。不管身体的哪个部位胖，要想减掉多余的脂肪，必须要懂得以下几个基本原理：一是热量平衡原理；二是机体供能原理；三是科学锻炼与科学饮食相结合。

（一）热量平衡原理

人体吃进的各种食物或营养物质经过消化吸收后，转化成能量储存在体内，供肌体活动或消耗使用。要想减肥，首先要了解热量平衡原理，即每日摄入的热量和消耗的热量的关系决定着肌体的体重。热量平衡的基本公式如下：

热量摄入－热量消耗＝热量净额

当热量净额为零的时候，为热量均衡。

当热量净额小于零的时候，为热量负平衡。

当热量净额大于零的时候，为热量正平衡。

从上可以看出，当肌体在一段时间内持续热量负平衡时，体重就会下降；相反，当肌体在一段时间内持续热量正平衡时，多余的能量转变成脂肪储存在体内，体重就会上升。如何才能持续保持热量负平衡呢？第一是减少热量摄入，方法包括节食、低热饮食等；第二是增加热量消耗，比如增加运动量、提高基础代谢率等，这样才能达到减肥的目的。

（二）肌体供能的基本原理

肌体运动如何才能达到减肥的目的呢？大多数人不了解肌体供能的基本原理，总以为只要活动了就能减肥，其实不然，运动中肌体供能的方式可分为两类：

无氧供能：即在无氧或氧供应不足的情况下，主要靠 ATP（三磷酸腺苷）、CP（磷酸肌酸)分解供能和糖原无氧酵解供能(即糖原在无氧的情况下分解成为乳酸同时供给肌体能量),无氧供能的运动只能持续很短的时间(1～3 分钟)。800 米以下的全力跑、短距离冲刺都属于无氧供能。

有氧供能:即运动时能量主要来自糖原(脂肪、蛋白质)的有氧氧化。由于运动中供氧充分,糖原可以完全分解,释放大量能量,因而能持续较长时间的运动。这类运动包括 5000 米以上的跑步、1500 米以上的游泳、散步、迪斯科、交谊舞、自行车、太极拳等。

由此,我们可以得到一个启示,即短时间、大强度的运动主要靠 APP、CP 分解和糖原无氧酵解供能,由于持续时间短,消耗能量总量较少,因而不是理想的减肥运动方式;而中低强度的运动,由于持续时间长,供氧充分,主要靠脂肪分解供能,总能量消耗多,所以是较理想的减肥运动方式。减肥的最终目的是消耗体内过多的脂肪,而不是简单地消耗水分或其他成分。

(三)科学锻炼和科学饮食相结合

了解了热量的平衡原理和肌体供能的基本原理,在制订减肥计划时,就可以把科学锻炼和科学饮食结合起来。首先,要分析肥胖的具体原因和身体的具体状况,结合自己的学习或工作时间,制订出一份科学的锻炼计划。其次,应调整自己的饮食结构,改掉不良的饮食习惯,科学地安排一日三餐,掌握“早晨要吃好,中午要吃饱,晚上要吃少”的原则。再次,要注意循序渐进的原则,切记“一口吃个胖子”,否则很难坚持到底。

要想减掉体内多余的脂肪,在进行有氧锻炼时还应注意以下几点:

第一,锻炼时应选择中等强度的运动,即在运动中将心率维持在最高心率的 60%～70%(最高心率＝220－年龄),强度过大时能量的供给以糖为主,肌肉氧化脂肪的能力较低;而负荷过小,肌体热能消耗不足,也达不到减肥的目的。

第二,以中等强度进行锻炼时,锻炼的时间要足够长,一般每次锻炼不应少于 30 分钟。在进行中等强度运动时,肌体并不立即动用脂肪供能,因为能量从脂肪中释放出来并运送到肌肉至少要 20 分钟。运动的方式可以根据自己的条件、爱好、兴趣而定,走路、慢跑、迪斯科、交谊舞、游泳等都是适宜的方式。

第三,脂肪的储备和动用是一种动态平衡,因此要经常参加运动,切不可有一劳永逸的想法,而应贵在坚持。

三、综合训练法加晚餐节食能有效减肥

(一)综合训练法

综合训练法是将柔韧性拉伸训练、肌力循环练习和有氧训练结合在一起的训练方法。

1.柔韧性拉伸训练

我们看艺术体操、体操、武术和芭蕾表演时,都会为这些项目运动员(或演员)健美的形体和柔韧的肢体而惊叹不已。他们的健美形体除了选材因素外,更多的来源于后天训

练。她们(他们)很重视柔韧性拉伸训练及肌力训练。长久的拉伸训练可使附着在骨骼上的肌肉、韧带等得到拉伸,变得纤长而有弹性,从而增加美感。

2.肌力循环训练

做健美形体训练时,不能只做几节操或跳一会儿健力舞,必须重视全身肌肉的训练。因为只有肌肉才能带来力量,也只有肌肉才能塑造人的形体。肌力训练不仅仅能增加肌肉的生理横断面,还能减少肌纤维中的脂肪含量,去脂减肥。这就是为什么男女健美运动员的肌肉发达,体重也小。就是因为他们只有薄薄的一层皮下脂肪,所以才能轮廓鲜明。奥斯卡金像奖最佳女主角获得者简·方达的健美术之所以闻名全球,不仅是因为她的健美操简单易行、实用,更主要的是她很重视肌力训练,大大提高了身体素质,显而易见地改善了形体。

竞技健美操评分标准有男女形体一项,主要考察运动员身材是否匀称、肌肉是否发达,规定的自选动作中有 4 次俯卧撑(代表上肢肌力),4 次仰卧起坐(代表腹部、躯干的发达程度),4 次大跳(代表腿部肌力)。

经常练上述动作,肌肉力量才能提高,才能做难度更高的动作,如单臂俯卧撑等。总之,肌力训练特别是肌力循环练习(动作间休息时间很短),对去脂减肥很有用。

3.有氧训练

有氧氧化是指糖、脂肪、蛋白质在氧的参与下分解为二氧化碳和水,同时释放大量能量,供二磷酸腺苷再合成三磷酸腺苷——人体工作时能量的直接来源,氧的供应是实现有氧氧化的先决条件,人体的吸氧能力越大,有氧氧化水平越高。持续不断而适度的锻炼,能增加将血液送往肌肉的毛细血管的数量,增加血液中含氧细胞的数量,提高肌肉中酶从血液中摄取氧的能力。

有氧训练包括一些持续不断而较激烈的运动,如垫上形体循环练习,练习者连续做 2～3 套练习,每套由 6～8 个动作组成,每个动作间歇很短(10 秒左右)。哑铃操,练习者连续做 10 个动作以上,每个动作之间不休息。健力舞、健美操及各种跳跃运动都是很好的有氧训练,慢跑、长走、长距离骑自行车等也是有氧训练。

有氧训练能使心率加快,使之达到一个新的水平(131～172 次/分钟),并保持一段时间(20～30 分钟)。有氧训练能使血液流动加快,通过血液能供给充足的氧气,有助于“燃烧脂肪”,所以有氧训练能去脂减肥。

据研究,人体内储存的脂肪至少要在激烈运动一个小时后才开始被肌肉用来做燃料加以燃烧。身体一进入这种状态,储存在身体各部位的脂肪都会被调动起来,通过血液送到需要燃料的肌肉细胞中。肌肉细胞需要能量,因此,更多的血液就流到那里,为新陈代谢提供氧气,同时也将沉积的毒素带走。

总体地讲,进行局部肌肉的锻炼,可使该部位的新陈代谢合理。肌肉收缩的过程也是对“脂肪堆积块”的按摩过程,按摩可以消减脂肪。所以进行局部肌肉的有氧训练,能使全身脂肪减少，也能对该训练部位(如腹部)的脂肪的减少起促进作用。

总之，将柔韧性拉伸训练、肌肉循环训练和有氧训练有机地结合在一起进行综合训练，再适当节制晚餐的饮食量，的确可产生健美形体的功效。

(二)分析与讨论

调查表明，不吃早餐是肥胖的原因之一。这是因为上午时间长，如果不吃或吃得过少，到中午时血糖就会降低，如不补充营养就会出现晕眩等症状；如果硬挺过来，到中午或晚上必然会多吃，晚上进餐后不久就要睡眠，吃得多没有足够的时间消化，这样就会造成脂肪在体内沉积，久而久之就会因脂肪贮存过多而胖起来。

节制晚餐，少吃或不吃，当体内感到“饥饿”，就会动员身体内储存的能量(脂肪)，“燃烧”掉多余脂肪，时间一长，肥胖就会消失。

日本相扑运动员个个都身高体重，因为他们不按体重分级别，体重重者占便宜，所以他们个个通过饮食来增重。中日建交后，日方曾派 108 名相扑运动员来中国表演，这 108 人中，体重最轻的也有 95 公斤，最重的达 234 公斤，他们快速增重的秘诀有二：一是不吃早餐，二是吃火锅，要多吃、快吃，睡前加餐；早晨他们在充足睡眠后，会先训练 1 小时，约 10 时左右才吃火锅，要求多吃、快吃。午睡时间很长，下午再训练 2 小时左右，休息后又吃火锅类型的晚餐，晚上 10 时睡眠，睡前加餐(酸奶、甜点心等)。早餐不吃，中餐、晚餐肯定会多吃，睡前进餐后不怎么运动就上床休息，热量消耗不多，久而久之体重就迅速增加。

四、无氧训练和有氧训练的有机结合是塑造美好形体的上佳方法

健美界从新西兰引进了“小杠铃操”，就是使用轻杠铃(现在更制作了包胶小杠铃)在音乐伴奏下由教练员亲自率大家一招一式进行的循环练习：①弯举(肱二头肌)；②轻杠铃上推(肱三头肌)；③弓身划船(背阔肌)；④颈后推举(三头肌)；⑤立正提拉(三角肌)；⑥并腿半蹲起立(肱四头肌)；⑦高抬大腿(腹直肌下部)；⑧仰卧垫上做多次卧推练胸大肌、三角肌前部、肱三头肌和前锯肌；⑨负杠铃提踵(小腿三头肌)；⑩负重半蹲跳(弹跳力)；⑪负铃行进(或箭步蹲)臀髋肌群；⑫快挺或斜推(臂、肩、胸的爆发力)。

说明：以上练习在音乐伴奏及教练员的口令下完成，做 6～8 次。通常一个大循环做完，放下轻杠铃在原地跳几分钟 disco(迪斯科)再做，练习 30～45 分钟就能将无氧和有氧有机结合。这里的无氧指发达全身肌肉(肱二头肌、肱三头肌、三角肌、胸大肌、背阔肌、股四头肌、小腿三头肌、腹肌、腰背伸肌等)，这里的有氧是将 8～12 个动作，轻重量、多次做(16 次以上)。通过有氧训练，能吸入更多的氧气到全身来燃烧身体各部多余的脂肪，起到雕塑身体、健美形体的作用。笔者早在 1970 年代就用大杠铃片、轻哑铃做成套的循环练习，取得了很好塑形效果，现在还在用成套的器械组合练习。这套小哑铃(又称健美铃操)就助北体大学生魏媛成为形体健美的亚洲小姐。

裔珊群曾经是全国健美精英，腹肌鲜明、肌肉结实、形体健美，一直活跃在“中体倍力”

健身房，她坚持一周 5～6 次形体训练，还兼做私人教练，很多“胖姑娘”都成了她的粉丝。她一度体重达 67.8 公斤，浑身肥肉，形态不美，花钱到健身房跳操，三个月减了 3 公斤，效果不佳。她用父亲(北体大健美教授)教她的训练方法，尝试了一下综合训练，用轻重量多次数练肌肉，使形体有了很大改进，体重 7 个月下来降了近 15 公斤。她对健美产生了极大的兴趣，先在北京市比赛中一举夺冠，又参加了全国比赛，经过一年的艰苦训练，她的体重由 67.8 公斤降至 47.8 公斤，减了整整 20 公斤，在全国健美比赛中夺得了第三，获最佳腹肌奖，成为全国健美精英。

由“胖小鸭”变为全国健美精英和今天的健美小姐，这个过程就是无氧训练和有氧训练的有机结合造就的。

五、减脂塑形练习方法

女性减肥的方法很多，这里将介绍垫上塑形练习、多种跳跃练习、健美铃操和防卫拳操。在一次减肥训练课程中可选用其中 2～3 套练习进行综合训练。

(一)垫上塑形练习

1.凸显腿部线条的有效练习主要有：

(1)侧压腿

预备：两腿侧分，坐在垫上，双手放在体前垫上。

做法：身体先向左侧倒，右手经头向左触摸左腿，左手在身前扶垫以维持平衡，然后侧倒，拉长右侧腿部肌肉。这个练习做四八呼[①]。(如图 4-1、图 4-2)

图 4-1

图 4-2

作用：拉长大腿及发展腰腹侧面肌肉，减少这些部位的脂肪。

(2)侧踢腿

预备：身体左侧卧在垫上，右腿压在左腿上，两手前后扶垫。

做法：数“1”时，屈右腿，同时向上转髋，尽量使膝靠近右肩；数“2”时右腿伸直还原；数

① 四八呼是指四个八拍。

“3”时右腿伸直，向头部方向侧摆踢；数“4”时还原。右腿作四八呼后，向右侧卧，左腿再做四八呼。（如图 4-3、图 4-4），

图 4-3

图 4-4

作用：发展梨状肌，拉长肱二头肌，对大腿减肥有帮助。

(3)侧勾踢

预备：向左侧卧在垫上，两肘撑垫，右腿压在左腿上。

做法：数“1”时，向前屈右大腿，使之触腹，此时屈踝；数“2”时，向前勾踢；数“3，4”时重复数“1，2”时的动作。连续做四八呼后，向后滚动，换左腿做相同动作。（如图 4-5、图 4-6）

图 4-5

图 4-6

作用：勾踢能拉长肌肉，如拉长股二头肌等，还能发展下腹部的肌肉，如髂腰肌等。

(4)侧身踢

预备：侧卧在垫上，右腿压在左腿上。

做法：右腿伸直前摆，经面部转髋绕一圈至原处。做 10～12 次后，向另一侧卧，换左腿再做 10～12 次。每次练习做 2 组。（如图 4-7、图 4-8）

图 4-7

图 4-8

作用：拉长大腿肌群的肌肉，发展下腹部肌肉，多做可减少大腿多余脂肪。

2.练出美丽翘臀的方法主要有：

(1)臀走

预备：坐在垫上，两脚离地（初学者可轻放在垫上），双手在胸前半屈。

做法：向左移重心时，臀大肌收缩，使身体向前滑动一点，当重心移至右臀时，右侧臀大肌收缩，又使身体向前滑动一点。开始练习时可这样左右滚动 50 次，以后逐渐增加到 100～150 次。（如图 4-9、图 4-10）

图 4-9

图 4-10

作用：发展臀大肌，使臀部坚实并增强下腹部的肌力。

说明：臀走练习是美国加利福尼亚大学副教授来华讲学时传授的，北京体育大学艺术体操队曾在一个冬天练习此动作后臀围明显减小。做这个动作，向前走较顺，向后走也可以，臀大肌要用力收缩。

2.跪撑后摆腿

预备：两腿并拢，跪在垫上，低头含胸，两手扶垫。

做法：数“1”时，抬右腿使之触胸，含胸，低头；数“2”时，右腿向后上伸直摆踢，同时抬头，挺胸，塌腰，后踢腿时尽量不要触垫。这个练习共做 2～4 组，每组每条腿各做四八呼。（如图 4-11、图 4-12）

图 4-11

图 4-12

作用：发展臀部及腰背肌肉，使臀部坚实。

说明：这个动作还有一个简单做法（美式），即跪撑后，一腿伸直，连续后上摆踢 30 次，再换另一腿后摆踢 30 次。这个动作对臀大肌的锻炼效果好。

（3）跪撑侧后绕腿

预备：两膝并拢，跪坐在垫上，两手撑垫，抬头，挺胸。

做法：右腿从右侧向上绕，连续做 20 次，换另一腿由左侧下向后上绕腿，再连续做 20 次。（如图 4-13、图 4-14）

图 4-13

图 4-14

作用：发展臀大肌及股后肌群，如股二头肌、大收肌和股薄肌等。

（4）仰卧挺髋

预备：仰卧在垫上，分腿屈膝，两腿间距约同肩宽。

做法：数"1"时，两腿蹬伸，髋部向上挺起，臀部用力夹紧，身体成反弓形；数"2"时还原，也可采用如下更有效的练习：在挺髋的同时两膝内收夹紧。这个动作除能发展臀部肌肉、股二头肌，还能发展大腿内收肌群。（图如 4-15、图 4-16）

图 4-15

图 4-16

作用：发展臀大肌、臀中肌、臀小肌及股二头肌。

(5)桥撑髋部左右摆动

预备：挺髋成桥，两手伸直在垫上维持平衡。

做法：数“1，2”时，提右踵，髋向左摆；数“3，4”时，提左踵，髋向右摆(也可一拍一摆)。连续做四八呼。(如图 4-17、图 4-18)

图 4-17

图 4-18

作用：发展臀部及腰背的肌肉和增强髋部的灵活性。

(6)扭髋转体

预备：仰卧在垫上，两腿微屈重叠在一起，膝头向左；头向右侧转，两臂向右伸成扭髋转体状。

做法：数“1，2”时，向左转颈并摆臂，向右转体并扭髋。做此动作时，要注意提髋、离垫，而不是就垫转动。(如图 4-19、图 4-20)

图 4-19

图 4-20

作用：发展腹内外斜肌、髂腰肌和臀大肌。

3.练出漂亮腹肌的方法主要有：

(1)仰卧起坐

预备：仰卧在垫上或斜板上，踝部固定，两手抱头(或将两手放置于体侧)。

做法：快速抬起上身，团身起坐，起来要迅速，回位要慢。(如图 4-21)

图 4-21

作用：发展上腹部肌肉，如腹直肌，对髂腰肌及股直肌也有好处，每次通常做 4 组左右，每组负重做 12～15 次，不负重做 30 次左右，要设法增加动作难度，如增加斜板倾斜角等。

(2)仰卧起坐并转体

预备：上体迅速抬起，并向左(或右)转体，用右肘关节触前屈的左膝；侧向右转体，用左肘触右膝。如此反复做 20～30 次，共做 4 组左右。(如图 4-22、图 4-23)

图 4-22

图 4-23

作用：发展腹直肌、腹内外斜肌和髂腰肌。

(3)收腹举腿

预备：仰卧在垫上，上肢固定。

做法：直腿收腹，上举两足至面部上方。每组做 20～30 次(足负重则做 15 次左右)，共做 4 组。(如图 4-24)

图 4-24

作用：主要发展下腹部的肌群，如髂腰肌，也能发展腹直肌和股直肌。

(4)屈膝两头起

预备：仰卧在垫上，两臂在头后伸直。

做法：数“1”时，收腹起坐，同时屈膝，两臂前摆至膝部；数“2”时，还原成仰卧姿势。共做 4 组左右，每组 15 次左右(如图 4-25)。

图 4-25

作用：发展整个腹部的肌肉，如髂腰肌、腹直肌等。

(5)直膝两头起

预备：仰卧在垫上，两臂在头后伸直。

做法：数“1”时收腹起坐，同时直膝上举，两臂前摆，手触脚面，每次练 4 组，每组做 10～15 次，无法直膝两头起后改做屈膝两头起，直至疲劳为止(如图 4-26)。

图 4-26

作用：发展整个腹部的肌群，对肌直肌也有好处。

(6)仰卧双腿环绕

预备：仰卧，两手侧平举或抓住头后的垫子边沿。

做法：伸直并拢的两腿经头部绕向右侧，每次练 2～3 组，每侧绕 5～6 次。(如图 4-27)

图 4-27

作用：发展下腹部肌群和增强股四头肌力量。

(7)坐姿左右剪腿

预备：坐在垫上，两腿伸直，稍分开，两手伸直，体后撑垫。

做法：数“1”时，两腿同时内收成剪绞状，左腿在上；数“2”时，再一次做剪绞动作，此时右腿在上。这个动作做四八呼。(如图 4-28、图 4-29)

图 4-28

图 4-29

作用：发展髂腰肌、腹直肌、大收肌、股薄肌和耻骨肌。

4.增强腰背肌力及手臂支撑力的练习主要有：

(1)仰卧两头起

预备：仰卧在垫上，两臂及两腿伸直，低头。

做法：数“1”时，抬头，挺胸，振臂，同时两腿向上方摆起，使胸部和下腹部同时离垫；数“2”时，还原成俯卧姿势，直至最后呈俯姿反弓状，静止用力 6～10 秒，效果会更好。每次做 2～4 组，每组做 12～15 次。(如图 4-30)

图 4-30

(2)手脚结环(背弓)

预备:俯卧在垫上,抬头、挺胸、两臂后伸用力,握住前屈两腿的踝部。

做法:数“1,2,3”时,用力挺身使身体成反弓并静止用力,数“4”时,还原(数“5,6,7”时,动作与数“1,2,3”时相同,数“8”时与数“4”时相同),共做 2 组,每组做四八呼。(如图 4-31)

图 4-31

作用:发展腰背伸肌,增强脊柱柔韧性。

(3)胸腰波浪

预备:跪撑,抬头、挺胸、蹋腰。

做法:数“1”时,伸肘、肩后缩弓腰、低头、重心后移;数“2”时,屈肘、蹋腰,颌、胸贴垫(轻微接触)向前滑动;数“3”时,伸直手臂、抬头、挺胸;数“4”时,还原成预备姿势;数“5,6,7,8”时反向做,如此反复做四八呼。(如图 4-32、图 4-33)

图 4-32

图 4-33

作用：发展腰背部肌肉力量，增强脊柱柔韧性。

(4)挺胸单臂支撑

预备：侧卧在垫上，两手撑垫，上身抬起，抬头挺胸。

做法：数"1"时，腰背有力收紧、挺直，一臂用力伸直支撑全身，另一臂向上抬起，抬头挺胸；数"2，3"时，单臂静力支撑；数"4"时，还原；数"5，6，7，8"时，换另一臂支撑。(如图 4-34、图 4-35)

图 4-34

图 4-35

作用：发展腰背肌及增强手臂支撑力量。

(5)挺胸挺髋

预备：两腿伸直侧分，两臂分别放在同侧腿旁。

做法：数"1，2"时，重心移至右臂上，用力挺髋、挺胸，使脊柱呈反弓状；数"3，4"时慢慢还原；数"5，6"时，反向做，重心移至左臂上，挺髋、挺胸呈反弓。共做四八呼。(如图 4-36、图 4-37)

图 4-36

图 4-37

作用:发展腰背肌及增强手臂支撑力量,增强脊柱的柔韧性。

5.放松练习主要有:

(1)跪撑波浪摆臂

预备:跪在垫上,臀部坐在小腿上,右臂自然前伸,左臂自然后伸,身体挺直。

做法:数“1,2”时,弓身低头、含胸至直立、抬头、挺胸,两臂前后摆动(或交叉摆动);数“3、4”时,除摆臂方向不同外,其他均同数“1、2”时。共做四八呼,力求起伏柔和,摆动轻松。(如图 4-38、图 4-39)

图 4-38

图 4-39

作用:放松躯干及上肢,增强协调性。

(2)车轮练习

预备:肘撑倒立。

做法:两腿轮换做蹬踏动作,呈骑自行车状。每腿放松地做 20 次左右。(如图 4-40、图 4-41)

图 4-40

图 4-41

作用：放松股四头肌及小腿三头肌，增加练习的趣味性。

(3)抱腿下压

预备：仰卧在垫上。

做法：收腹，举腿过垂直面后，立即屈腿下压，同时两手紧紧抱住两腿，低头、含胸，成可滚动的半圆球。这个动作连续做 15 次。(如图 4-42、图 4-43)

图 4-42

图 4-43

作用：这是一个能放松躯干，对女性小腹、盆腔有益的练习。

(二)女子防卫拳操及其功能

武术是中华民族的瑰宝，它不仅有技击、防身的价值，而且还有健身、健美的作用，经常练习还能延年益寿。

防卫拳操既有攻防含义，又有健身作用。经常练它可以防御坏人的袭扰，对女性特别是对青年女子有重要的实用价值。它还能锻炼全身各部位的主要肌群，对健体强身很有好处。多次重复全套动作，又是一种很好的有氧训练，对去脂减肥有帮助。

1.头后击

预备:两手叉腰,身体直立,两腿稍开立。

做法:数“1”时,头经侧旋向后快速击打;数“2”时,从另一侧旋并向后快速抬头、击打,使颈部肌肉充分拉长。共做四八呼。(如图 4-44、图 4-45、图 4-46、图 4-47)

图 4-44

图 4-45

图 4-46

图 4-47

作用:发展颈部肌肉,如胸锁乳突肌和颈阔肌群。其防卫作用是用头的枕部打击在身后抱住自己立敌的脸部,以达到击敌、解脱之目的。

2.平下勾拳

预备:前后箭步分开两腿,两手紧握并置于身体两侧。

做法:数“1”时,两臂迅速向上,屈肘,拳面向上;数“2”时,两臂由胸部向侧展开,并迅速屈肘,拳面相对,约与胸同高(也可抬高肘位使两拳达到头颈高度)。做平下勾拳时,两脚可以做向前滑动动作,也可在原地不动。共做六八呼。(如图 4-48、图 4-49、图 4-50)

图 4-48

图 4-49

图 4-50

作用：发展胸大肌和三角肌。其防卫作用是可从正面击敌之太阳穴，或双拳下击其腹股沟。

3.弹腿侧踹

预备：身体直立，两脚微开立，两手叉腰。

做法：数“1，2”时，右腿迅速前踢、脚面绷直；数“3，4”时，换成左腿迅速前踢；数“5，6”时，右腿经屈膝迅速向右侧踹出，脚背绷紧；数“7，8”时，左腿经屈膝迅速向左侧踹出。共做六八呼。（如图 4-51、图 4-52）

图 4-51

图 4-52

作用：发展股四头肌和小腿三头肌。其防卫作用是从正面（相距约 80 厘米）踢敌之胫骨或从侧面踹其膝外侧半月板处。

4.架打冲拳

预备：两脚大开立，两手紧握拳置于腰际，拳眼向上。

做法:数“1,2”时,身体向左转动成弓步(前弓后绷),左臂上抬超过头部,右臂向前击出并向外旋,旋腕,使拳眼向里;数“3,4”时,迅速由预备姿势过渡到向右转动成弓步,右臂上抬起超过头部,左臂膀向前击出并向外旋肘、旋腕。共做六八呼。(如图 4-53、图 4-54、图 4-55)

图 4-53

图 4-54

图 4-55

作用:发展腹内外斜肌、胸大肌、三角肌和肱三头肌,多做有去脂减肥的功效。

5.侧摆下勾

预备:两脚大开立,两手紧握拳置于腰际,拳眼向上(同 4)。

做法:数“1,2”时,身体向左转,使腿成弓步(左弓右绷),同时左臂向右挥摆,右前臂和上臂约成 90°;数“3,4”时,身体向右转,右臂经下向上勾击,拳面向上(右手握拳,肘微屈于体侧);数“7,8”时,向相反方向做同样动作。共做六八呼。(如图 4-56、图 4-57、图 4-58、图 4-59)

图 4-56

图 4-57

图 4-58

图 4-59

作用:发展腹内外斜肌、胸大肌、三角肌及肱二头肌。其防卫作用是通过侧面用摆拳击敌之太阳穴,正面用下勾拳击近敌之腹部或下颌来实现的。

6.顶裆侧击

预备:原地站立,两脚稍开立,两手叉腰。

做法:数“1,2”时,右腿迅速向前上抬起,膝尖向前;数“3,4”时,左腿迅速向前上抬起,膝尖向前。二八呼后,换成侧击:数“1,2”时,右腿侧摆,使大腿和小腿成 90°、大腿和身体又成 90°,舞动至前面时,右腿向前用力顶出;数“3,4”时,方向相反,做同样动作。(如图 4-60、图 4-61、图 4-62、图 4-63、图 4-64)

图 4-60

图 4-61

图 4-62

图 4-63

图 4-64

作用：发展腹直肌、髂腰肌、腹内外斜肌及肱四头肌，提高髋关节的灵活性。经常练习可达到去脂减肥之功效。其防卫功能实现的依据是：可正面击敌之裆部，也可侧面用膝部击敌之裆部。这个动作防卫价值大，对于女性而言，掌握这个动作更有重要意义。如能每天每条腿各做前顶侧击 200 次以上，坚持数月，效果显著。

7.摆臂后撩

预备：直立，两腿自然开立，两臂自然下垂。

做法：数"1,2"时，左臂上摆（五指伸开），右臂后摆（成勾拳），右腿向后上方撩起，脚面朝上；数"3,4"时，换一腿做同样动作。在收腿放下时，应用力跺地。这个动作做六八呼。（如图 4-65、图 4-66、图 4-67）

图 4-65

图 4-66

图 4-67

作用：发展股后肌群，如股二头肌、臀大肌等，并能发展小腿三头肌。其实现防卫功能是通过脚跟击身后之敌，出奇制胜，功效显著。

说明：这套女子防卫拳操简单实用，功能全面，既锻炼了上肢、躯干、下肢，又锻炼了背部、腹部。既能发展全身肌力，又能去脂减肥。可以配乐集体操练，也可成对或单人训练。运动量因人而异，通常先打一套慢速的（四八呼～六八呼），再打一套快速的（二八呼～三八呼），经常练习，既能强身健体，又能防卫御敌。

（三）女子健美铃操及其功能

健美铃又称响铃，它是由两个健身球固定在握把两端而制成，每个铃重 0.5～1.5 kg。用它来做一些特定的动作，可以发展全身肌肉力量。因为其在编排上吸收了舞蹈、拳击、迪斯科的一些基本动作，并配上音乐，生动活泼，能提高练习者的兴趣，让他们在欢乐中达到锻炼身体、去脂减肥的目的。

本套健美铃操共有 25 动，其以上肢肌力为主的有 7.5 动，躯干肌力占 9 动，下肢肌力占 5.5 动，放松过渡的占 3 动。

1.持铃原地走

预备：两手分别持铃，原地自然站立。

做法：数“1”时，重心移至左脚，右臂后摆、右腿前屈，左臂前上摆，似走路状，数“2”时，

反方向做。注意两肘贴身，做圆周运动。（如图 4-68、图 4-69）

图 4-68

图 4-69

作用：这是一个过渡性动作，对肩带肌有一定好处。

2.单臂轮换弯举

预备：直立，握铃的两臂自然下垂

做法：数“1”“3”时，左臂弯举至胸前，右臂下垂；数“2”“4”时，则反之。共作四八呼。（如图 4-70、图 4-71）

图 4-70

图 4-71

作用：主要发展肱二头肌和肱肌。

3.单臂轮换上推

预备：直立，抬头挺胸，两手持健美铃置于肩上。

做法：数“1”“3”时，左臂上举；数“2”“4”时，右臂上举，左臂下落。共做四八呼，注意做好移髋动作。（如图 4-72、图 4-73）

图 4-72

图 4-73

作用：能增强肩带肌群的力量，发展三角肌和肱三头肌。

4.左右侧摆

预备：直立，握铃的两臂自然下垂。

做法：数“1”“3”时，左臂向侧上外旋，右臂同时向侧下内旋，身体向左侧倾，髋向左摆；数“2”“4”时则相反。做四八呼。（如图 4-74、图 4-75）

图 4-74

图 4-75

作用：发展肱二头肌、旋前圆肌及前臂肌群，并能提高腰、髋部的灵活性，加强节奏感。

5.直俯伸肘

预备：两脚微分，两手握铃，置于头后，两肘冲天高高抬起。

做法：数“1”“3”时，两臂上举至臂直；数“2”“4”时还原；数“5”～“8”时，上体前屈至与地面平行。在做二八呼时，数“5”“7”时向后伸臂，数“6”“8”时两臂伸至胸前。共做四八呼。（如图 4-76、图 4-77）

图 4-76

图 4-77

作用:发展肱三头肌。

6.直俯振臂

预备:两脚直立或开立,两臂持铃,屈于胸前。

做法:数“1”时,两臂前平举,重心移至右脚;数“2”时,向后扩胸振臂;数“3”时,两臂由侧平举状态向前内收至前平举(掌心相对);数“4”时,两臂伸直放于体侧。这样做二八呼后,换成俯身振臂。数“1”时,两臂持铃,屈于胸前,两膝并拢微屈,身体向前弓;数“2”时,两臂(伸直)向上振;数“3”时,还原成1时的动作;数“4”时,身体直立,两臂自然下垂。(如图4-78、图4-79、图4-80、图4-81、图4-82、图4-83)

图 4-78

图 4-79

图 4-80

图 4-81

图 4-82

图 4-83

作用:发展三角肌。前平举发展三角肌前束,侧平举发展三角肌中束,弓身侧平举发展三角肌后束。

7.耸肩提肘

预备:直立握铃,两臂自然下垂,掌心向里。

做法:数“1”时,向上耸肩(臂要直);数“2”时,还原;数“3”时,屈肘上提哑铃;数“4”时,还原。共做四八呼。(如图 4-84、图 4-85、图 4-86)

图 4-84

图 4-85

图 4-86

作用：发展斜方肌上部、菱形肌、肩胛提肌、三角肌及上肢屈肌。

8.弓身转体

预备：两脚开立，双臂弯曲，置铃于颈后，挺胸直腰。

做法：数“1”“3”时，慢慢前屈；数“2”“4”时，快速抬起，数“5”“7”时，向左转体；数“6”“8”时，向右转体。共做四八呼。（如图 4-87、图 4-88、图 4-89、图 4-90）

图 4-87

图 4-88

图 4-89

图 4-90

作用：发展骶棘肌和腹内外斜肌。

9.单臂轮换侧拉

预备：直立或开立，握铃的两臂自然下垂。

做法：数“1”“3”时，身体向右侧倾，右臂同时向上提起；数“2”“4”时，身体向左侧倾，右臂同时向上提起。如此反复做，共做四八呼。（如图 4-91、图 4-92）

图 4-91

图 4-92

作用：发展腹内外斜肌，多做可以减少全身脂肪，让腹腰部更紧实。

10.马步平推

预备：两脚开立成马步，握铃屈臂置于腰侧，掌心向上。

做法：数“1”“3”时，左臂由体侧向前伸直，掌心向下；数“2”“4”时，右臂经体侧向前伸直，掌心向下，同时收回左臂置于腰侧；数“5”“8”时，两臂同时向前伸直，并快速还原。共做四八呼。（如图 4-93、图 4-94、图 4-95）

图 4-93

图 4-94

图 4-95

作用：发展上肢和腿部肌肉（静力）。

11.轮换抬腿

预备：上体直立，两脚开立，两手各握一铃，置于两大腿上。

做法：数“1”“3”时，左腿向上抬起；数“2”“4”时，右腿向上抬起。连续、快速地做五八呼。（如图 4-96、图 4-97）

图 4-96

图 4-97

作用：发展腹肌及髂腰肌，对减少腹部脂肪有帮助。

12.直腿抓举

预备：两手各持一铃，置于大腿前，上体挺直。

做法：数“1”时，向前倾体；数“2”“3”时，向上提举健美铃，直至两臂在头上伸直；数“4”时，还原成预备姿势。提举时注意要使健美铃贴身。共做四八呼。（如图 4-98、图 4-99、图 4-100）

图 4-98

图 4-99

图 4-100

作用:通过快速伸展上体来发展腰背肌群和股后肌群。

13.压铃侧顶髋

预备:两脚稍开立,握铃的两手自然下垂。

做法:数“1,2”时,两臂提铃,向身体左侧下压 2 次,髋部同时向右侧顶出(左腿微屈,右腿挺直);数“3,4”时,向另一侧做同样动作;数“5,6”时,身体迅速右转成弓形,两臂在体侧向下压铃 2 次;数“7,8”时反向做同样动作。共做四八呼。(如图 4-101、图 4-102、图 4-103、图 4-104)

图 4-101

图 4-102

图 4-103

图 4-104

作用：发展髋关节处盆带肌群。

14.旋肘前进，翻髋后退

预备：两脚开立，两手握铃自然下垂。

做法：数“1，2”时，左腿前迈，膝向内扣，右手向后上摆并外旋，左手向右后侧并内旋；数“3，4”时，换右腿前迈做反向同样动作。前进二八呼后，做翻髋后退动作：数“1，2”时，身体向左转约 180°，髋向左翻，后退一步，两臂屈向身体两侧分开，掌心向上；数“3，4”时身体向右转，反向做同样动作。共做二八呼，完成后基本回到前进时出发位置。（如图 4-105、图 4-106、图 4-107、图 4-108）

图 4-105

图 4-106

图 4-107

图 4-108

作用：发展上肢屈肌，提高髋部的灵活性。

(四)减肥的多种跳跃练习及其功能

持续 3 分钟以上，用中小强度、慢速做的多种跳跃练习属有氧训练，它有助于血液将氧气输送到全身来燃烧脂肪，可达到去脂减肥之目的。

据研究，持续的慢速跳跃练习较中长跑等有更好的减肥效果，又由于它能在室内配乐来做，苦中有乐，便于练习者长久地坚持训练。做跳跃练习时应注意：

(1)区别对待。对体弱者的要求要低，切不可操之过急。

(2)用脉搏来控制运动量。据研究，10 秒钟的即刻脉搏，应控制在 22～28 次之间(年长者还应减少)。因为脉搏过快会欠氧债，就不是有氧训练了。

(3)跳跃的时间要适当加长。跳跃的时间约为 3～5 分钟，而强度则不宜过大。

(4)采用循环练习法进行训练，效果更好。所谓“循环练习”就是一个动作接一个动作做，中间只有换器械时暂停，不专门休息，全组动作做完并休息 3 分钟左右后，再进行下一大组循环练习。

(5)在每大组之间的间歇时间要做放松练习或舞蹈练习，这可以使身体、心理得到调整。全部跳跃练习完成后应充分放松，擦干汗水，最好能进行温水浴，然后穿好衣服再到户外活动。

(6)选择好音乐。在音乐的选择上，通常跳跃时选用节奏感强的迪斯科音乐，而做放松练习则选用轻音乐或舞曲。

(7)循序渐进。跳跃时，要由易到难、由弱到强，中间要有跳舞步等转换，使心脏有个适应过程。呼吸要舒畅，一般起跳时吸气，还原时呼气。如感到胸闷、头晕，则应到户外做深呼吸后再进行轻跳练习。

(8)跳跃练习应多种多样。除下肢外，头颈、上肢以及躯干均应参与活动，练习多种多样的跳跃。这样既能提高练习者的兴趣，还能使全身各部位都参与运动，对全身的减肥有益。

减肥跳跃练习方式主要有：

1.抱腹跳

预备：身体直立，两手重叠，按在小腹部。

做法：屈膝半蹲至膝角呈 110°时立即跳起，要求髋部、膝部、踝部三个部位充分展开，也可做抱腹直腿跳，做时跳速增快，高度降低。

做这个练习时如单独跳，一次应练 2～3 组，每组连续跳 200～300 次，如综合跳则跳 50～100 次即可，抱腹的目的是减轻跳动时内脏的上下振动。（图略）

作用：发展股四头肌、小腿三头肌以及股二头肌和臀大肌，减少全身多余的脂肪。

2.垂肘跳

预备：直立，两臂自然下垂于体侧，两掌上翘，掌心向下。

做法：屈膝半蹲至膝角呈 130°时连续跳起。如单独跳，每次可跳 100～200 次，每次做 2～3 组，如综合跳可连续跳 50～100 次。（图略）

作用：同前。据研究垂肘跳更有利于去脂减肥。

3.直腿前踢跳

预备：直立，两手叉腰，目视前方。

做法：按音乐节奏，一拍一动交替直膝，连续做向前跳踢动作，前摆腿和身体的最大夹角在 70°～90°之间，每组连续跳 100 次。（图略）

作用：除发展股四头肌和小腿三头肌外，还能锻炼小腹肌群及髂腰肌。

4.直腿侧踢跳

预备：直立、叉腰。

做法：按音乐节奏，一拍一动两腿交替连续做侧向跳踢动作。（图略）

作用：主要发展股外侧肌及髂腰肌。

5.高抬腿跳

预备：直立，两臂自然下垂。

做法：数“1”时，左腿高抬，用大腿正面触左手；数“2”时，右腿高抬，触右手。要求跳时大腿高抬，与身体呈 100°～110°。这个练习通常做 2 组，每组做 100 次左右。（图略）

作用：发展髂腰肌、股四头肌以及小腿三头肌，减少全身特别是腹部以及大腿的脂肪。

6.箭步跳

预备：两腿前后开立，两手下垂置于体侧。

做法：从箭步分腿状态中向上跳起，在空中两腿交换，落地还原成箭步。每次做四八呼。（图略）

作用：发展股四头肌、股后肌及小腿三头肌。

7.内盘跳

预备：直立，两臂自然下垂。

做法：数“1”时，左腿内旋，右手掌击右踝；数“2”时，反向完成该动作。这个动作较难做，应配乐做，一拍一动，每次做四八呼。（如图 4-109、图 4-110、图 4-111）

图 4-109

图 4-110

图 4-111

作用：发展缝匠肌、阔筋膜张肌、半腱肌、半膜肌。

8.外摆跳

预备：直立，两臂自然下垂。

做法：数“1”时，左腿向侧摆并外旋，左掌后摆摸左踝，头向左转；数“2”时，反向完成同样动作。这个动作要做得活泼、轻快。（如图 4-112、图 4-113）

图 4-112

图 4-113

作用：发展股四头肌、缝匠肌、阔筋膜张肌、半腱肌、半膜肌。

9.向侧大摆跳

预备：直立，两臂自然下垂。

做法：数“1”时，左腿向侧向高踢，右腿微屈，同时左臂向下伸，右肘向上抬；数“2”时，反向做同样动作。这个练习运动量大，一次练 2～3 组，每组跳 60 次左右。（如图 4-114、图 4-115）

图 4-114

图 4-115

作用：发展大小腿肌及髂腰肌。

10.转体侧摆跳

预备：身体直立，两臂自然下垂。

做法：数“1，2”时，身体向左转，两臂向左后方摆，同时向右前上方踢腿（脚部及脚背均绷直）；数“3，4”时，身体向右转，两臂向右后方摆，同时向左前上方踢腿。这个练习一般在

综合跳跃中进行，每次做 2～3 组，每组跳 60～100 次。（如图 4-116、图 4-117）

图 4-116

图 4-117

作用：除发展大小腿肌肉外，还对腹内外斜肌及髂腰肌有好处。

11.旋髋跳

预备：身体直立，两臂自然下垂。

做法：数“1，2”时，抬左腿，向左转体，同时旋髋，重心移至右腿上，形成单腿支撑；数“3，4”时，反向做同样动作。做好这个动作的关键是旋髋和左右移动重心时，头和手臂要配合好。（如图 4-118）

图 4-118

12.向后大摆跳

预备：自然站立，两手下垂。

做法：数“1”时，左腿向后踢，两臂向上方摆，落地时，用右腿支撑，同时抬头挺胸；数“2”时，反向做同样动作。做这个动作时要注意基本姿势，即后踢时腰要伸直，脚面要绷

直，心里想着："我在跳芭蕾"。（如图 4-119、图 4-120）

图 4-119

图 4-120

作用：这个动作除发展大、小腿肌肉外，还能发展臀大肌。

13.向前大踢跳

预备：自然站立，两臂下垂。

做法：数"1"时，摆左臂踢右腿；数"2"时，左掌触右踝；数"3，4"时，换左腿做同样动作。一次练 2～3 组，每组做 60 次左右。（图略）

作用：这个练习因幅度大，运动量大，因而对全身肌肉，如四肢、躯干、头颈处的肌肉均有一定好处。

14.后踢腿跳

预备：自然站立，两手叉腰。

做法：身体重心前移，两腿交替向后踢，用脚跟踢臀部。（如图 4-121）

图 4-121

作用：这个动作除发展股四头肌和小腿三头肌外，还能发展股二头肌、胸大肌和斜方肌。这个练习如单独做，通常做 2～3 组，每组做 100～150 次。

15.摆肘转髋跳

预备:自然站立时,两臂下垂。

做法:数“1,2”时,右肘上摆并外旋,掌心向上;左臂向后摇并伸直,掌心向后上,身体向右倾,髋向左侧移动;数“3,4”时,反向做同样动作。(如图 4-122)

图 4-122

作用:通过全身的激烈运动,发展腿部及腹内外斜肌、肩带肌,减少全身的多余脂肪。

16.摆肘伸膝屈足跳

预备:自然站立,两臂下垂。

做法:数“1,2”时,髋部左移,踝内旋并伸膝屈足,身体向右侧倾,右肘前摆,左肘后摆;数“3,4”时反向做同样动作。这个动作生动活泼,可作为趣味性练习的项目。通常做 2～3 组,每组做 80～100 次。(如图 4-123、图 4-124)

图 4-123

图 4-124

作用:主要发展屈足肌群,同时能增强协调性,提高练习的兴趣。

17.左右奔马

预备:自然站立,身体微前屈,两肘微屈于胸前。

做法:模仿骑马飞奔的姿态。数“1,2”时,两肘向前有节奏地摆动,同时重心移至右腿上,两腿做节奏性的屈伸动作(一拍一动);数“3,4”时,重心移至左腿上做同样动作。这个动作通常做 2～3 组,每组做 150～200 次。(如图 4-125、图 4-126、图 4-127)

图 4-125

图 4-126

图 4-127

作用:发展伸膝、屈足肌群,提高练习兴趣。

18.摆臂转体放松

预备:自然站立,两臂下垂。

做法:数“1,2”时,身体向左转,屈右腿;数“3,4”时反向做同样动作。

作用:放松全身肌肉,调节呼吸,使身体逐步恢复静息状态。

说明:这里介绍的 18 种跳跃练习可按顺序成套做。做成套练习时,每个动作通常做 2～3 个八呼,也可抽出其中的 4～6 个动作做循环练习。由于动作较少,每个动作可做 6 个八呼,还可以抽出其中 1～2 个动作单独练习。要根据自身情况完成相应的次数。为了提高减肥效果,通常每次练习应跳 900～1 500 次,可以分成 3～5 组完成,做时切忌过快、过猛,勿使心动过快。10 秒钟脉搏应在 22～28 次之间,这样练习既安全又有效。年龄较大、体质弱者更要控制运动量,循序渐进,以防意外事故发生。

第五章　特殊形体训练

一、体型分类、体围标准、身高、体重指数

1.体型分类

我们认为：以脂肪所占的比例、肌肉的发达程度，参照肩宽、腰围、臀围，作为划分体型的条件比较合适，成人的体型可以分成胖型、肌型和瘦型三类。男性各体型特点如下：

（1）胖型——其特点是上（肩宽、胸围）下（腰围、臀围）一般粗、躯干像个圆水桶，腰围很大、腹壁的脂肪很厚，腰两侧下垂，腹部松软，肚脐很深，胸部的脂肪多而下垂。胖型人一般都是双下巴、颈部短而粗，体重往往超过标准体重约30%～50%。

（2）肌型——其特点是肩宽、背阔、腰细、臀小且上翘，上体呈V形，肌肉垒块明显，四肢匀称，肌肉发达，三角肌前、中、后三束扣在肩上，胸部肌肉收缩时呈弦纹，两个胸大肌的中间沟比较深，颈部强壮有力、无双下巴，体重与标准体重的误差在±5%左右。

（3）瘦型——其特点和胖型相反。瘦型人腰围细小，但因为胸腔也小，所以整个躯干（上下）都较细、窄肩、平胸、肌肉块小、脂肪极少，胸腹部可见肋骨、背部可见肩胛骨，体重低于标准体重的约25%～35%。

女性肌型与男性大体相同；但由于女性的骨盆通常比男性要大，所以躯干一般呈上小下大的正三角形，少数优秀运动员如体操、技巧、划船等运动员，她们的躯干呈倒三角形，和男子大体相同。女性的脂肪普遍比男性多5%左右，而其肌肉发达程度及肌力，只能达到同级男性的75%～80%，因此女性肌型的特点是躯干呈三角形（少数为倒三角），四肢匀称、肌肉圆滑、胸部丰满、腰细、臀圆、颈长、腹平，从侧面观肌型的女性胸腰、臀富于曲线美。

胖型的女性躯干多为上下一般粗（或上小下大）的水桶形，胸厚，腰粗，臀大而宽，腹壁脂肪厚，即使仰卧在床上，其腹部隆起的高度仍超过胸高，颈部普遍较短、呈双下巴，四肢多为上粗下细，脂肪松软。

瘦型的女性和胖型的女性相反，胸部扁平、四肢干瘦、不丰满、无线条，可见肋骨和肩胛骨。

青少年的体型至今还没有严格的分类，可以参照成人的三种体型分为正常型、土豆型和豆芽菜型三类。不少孩子家境富裕，在爷爷奶奶以及父母的娇惯下，爱吃零食，常吃大

鱼大肉，致使身体中段圆肥，形似土豆。而另有一些家境一般的孩子缺乏足够的营养，很少吃鸡蛋、牛奶和肉食，因营养不良而消瘦。还有一些孩子在学校用餐，偏食、娇气，不注意膳食平衡，食物不合口胃就少吃或倒掉。长期下去这些孩子就会因营养不足而瘦小枯干，成了“豆芽菜型”。“土豆型”和“豆芽菜型”的儿童目前有增多的趋势，应对之有足够的重视，可通过“平衡膳食、综合营养、适当运动、充足睡眠”使这部分少儿群体的体型得到改善。

2.体围标准

形体是人体美的主要内容之一，而形体美在很大程度上取决于身体各部位的体围和其相互间的比例。

人体十大体围评说如下：

(1)颈围——反映一个人的颈部发育状况及胸锁乳突肌、颈阔肌的发达程度；

(2)身高——主要映人体骨骼(长骨)的发育程度；

(3)体重——反映人体发育状况的整体重量指标；

(4)胸围——是反映人体厚度和宽度最有代表性的测量值，扩展胸围与肺活量的增加有关；

(5)腰围——反映一个人腰背的健壮程度和脂肪状况；

(6)上臂围——反映一个人的肱三头肌、肱二头肌的发达程度；

(7)前臂围——反映一个人的前臂(小臂)肌群发达程度；

(8)大腿围——反映一个人的大腿股四头肌和股后肌群的发达程度；

(9)小腿围——反映一个人的胫骨前肌和小腿三头肌的发达程度；

(10)臀围——反映一个人的骨盆大小和髋臀肌肉的发达程度。

3.身高、体重指数

法国人类学家提出成年人的理想体重为：

男——理想体重(千克)＝身高(厘米)－100

女——理想体重(千克)＝身高(厘米)－105

二、少儿训练三原则

世界卫生组织曾在 1992 年提出《维多利亚宣言》，确定了健康三原则，即平衡膳食、有氧运动和健康心态；近期又特别强调“综合营养、适当运动和充足睡眠”。少儿健身和形体训练也离不开上述原则。

1.平衡膳食和保证足够的营养

日本在战败后特别注意保证下一代的营养，每天保证给小学生喝一杯牛奶，多年下来这一杯牛奶就改变了日本人平均身高较矮的印象，每天喝牛奶的儿童的同期身高竟多了 10 多厘米，所以有“一杯牛奶改变了一个民族”之说。可以说“膳食平衡和饮食可口”是保证少儿进行正常训练的前提。

2.有氧训练和适当运动，全面发展十二大体能

目前研究的有十二大类体能：力量、速度、耐力、柔韧（这是最基本的，1950 年代就提出）、心理、痛觉、平衡、反应、准确、协调、韵律（后来提出）。我们对少儿要全面抓好基础体能——力量的训练工作。可多做一些简易的肌力训练，如“双人徒手对抗肌力”，还可以做“挤人墙”“拉人过河”“互抛实心球”等轻质量的爆发力训练，还可以多做原地跳远、三级蛙跳，不宜做过多的“超等长”练习，那样易造成胫骨（小腿肌）劳损。

要抓好少儿的速度素质，提高快速移动肢体的能力，多做 30 米、60 米跑和迎面接力等游戏很有帮助；孩子们的柔韧性“一抓就有”，因为这个时候是发展柔韧性的敏感期，热身后要安排足够的训练灵敏性、协调性和柔韧性的练习，“天天练”，多次重复效果就会很快提高；尤其要重视少儿的耐力训练，多练一些长跑。下课前长跑不仅有益孩子们的健康，还可培养集体观念，增强荣誉感。坚持下去，“不怕苦、不怕累”的优秀品质就会养成。“一日二训”，跑上三四千米很有必要，坚持冬季长跑有益。

孩子天性活泼可爱。这就要在形体训练中，将音乐、舞蹈、游戏穿插其中，让孩子们笑、叫、闹（围绕课的内容），培养他们的灵敏、协调，增加他们的韵律感，使他们活泼、主动地投入教学训练，符合孩子们身心特点的训练才能深受孩子们的欢迎，才能让孩子持之以恒地练习。

3.少儿的训练计划要根据孩子们的形体特点、健康状况、体能、生理及心理特点来定制，训练计划要系统、全面、有节奏、持之以恒、循序渐进，还要根据季节、气候的特点安排不同的训练。

（1）冬季——气候寒冷，多在室内礼堂、体育场馆或大教室、地下室、健身场所进行垫上形体练习，如小哑铃操、小杠铃操、踏板操、武术拳操、健美操、韵律操。还可做集体柔韧拉伸练习，骑功率自行车，骑太空车，在电动跑步机上做 4～5 千米/时的快走、慢跑 45～50 分钟，还可做高、低滑轮，卧推等器械练习。如风雪不大，可以室外跑步 1 小时，要求着厚运动服，围围巾，戴帽子等，防止冻伤。

冬季可在教室内做双人徒手对抗练习，做“挤人墙”“拉人过河”等游戏，还可做占用空间不大的大铃片操的循环练习。

（2）夏季——有条件的地方可组织室内浅池游泳 40～50 分钟，应特别注意安全。此外上午到室外进行户外、田径、球类等运动，下午最好在 4 时左右训练，要有遮阳棚或大树，以便乘凉，防止长时间直晒，这时在室外可多安排增强速度、灵敏性、反应、爆发力的训练，也可在室外大场地做“传电游戏”“最灵活的人”等游戏。在室外要保证足够的饮水，避免长时间日晒，训练量不宜太大，少做耐力如长跑练习。

（3）春秋季——可进行正常的训练，室内、室外均可，运动量和强度均可适当增加，要安排月、周、课次训练计划，保证系统性。

（一）少儿月形体训练计划（2～4 月）

任务：（1）全面打好体能基础、重视力量、速度、耐力、灵敏性、柔韧性、反应、韵律、平衡

感、痛觉、协调性等体能的培养，提高心理素质。

(2)学习并改进走、跑、跳及垫上形体练习，学会小哑铃操，皮条的成套练习。

安排：一周安排 4 次练习，进行双日月循环，每次练习时长 1 小时 20 分。

周计划：周一、三、五、六(或周二、四、六、日)

〈甲〉周一、五(或周二、六)

1.热身运动

①关节运动 5 分钟

②柔韧拉伸练习 10 分钟

2.胸部肌力(可采用双人对抗或器械练习)

①卧推：6 组

②俯卧撑：尽力做 10～15 次，共做 4 组

3.腹部(凳上或垫上)

①双人团身起坐：15 次×4

②双人收腹腿举：15 次×4

4.小步跑：30 米×4

5.慢步跑：30 米×4

6.加速跑：60 米×2 ；100 米×2

7.互抛实心球：双人游戏 20 次

8.原地跳远：20 次

9.游戏："最灵活的人"，5 分钟×4，共做 20 分钟

10.慢跑：800 米放松抖动 10 分钟

〈乙〉周三、六(或周四、日)

1.热身活动

①关节运动 5 分钟

②行进操 10 分钟

2.大铃片操、小哑铃操或小杠铃操(莱美系列、配乐做)25 分钟

3.双人徒手对抗(每动对抗 2 组)

①弯举对抗(肱二头肌)　⑤肩背对抗(三角肌背阔肌)

②臂屈伸对抗(肱三头肌)　⑥背伸对抗(腰背、竖脊肌)

③弓步对推(臂伸肌)　⑦游戏：拉人过河(背部)

④肩胸对抗(胸大肌等)　⑧斜蹲起立(平衡腿部)

4.吹哨跑(反应速度)15 米×6

5.迎面接力跑(游戏)

15～20 米，3～4 大组。

6.推小车(上肢肩带)

二人一组，走爬 10 米左右，做 4 组。

7.蛙跳(三级)

8.大秧歌、迪斯科基本功 12 分钟

(二)课次教案

日期:2018 年 12 月 26 日

任务:(1)学会"关节运动",学会大铃片操;

(2)发展全身肌肉,特别是腹部肌。

表 5-1　课次教案

课的顺序	课的内容及练习分量	时间/分	组织教法
准备部分	1.蛇形跑 400 米 2.关节运动(初学) 第一节:颈部运动 第二节:胸部运动 第三节:肩部绕环 第四节:腰部绕环 第五节:髋部旋转 第六节:膝部绕环 第七节:足部绕环 第八节:螺旋运动(综合)	4 16	开始做慢跑,然后逐渐加快,要求后一个人穿插跑进,直到排头,后面的人按序跑进队伍,远看整个队位呈蛇形。 〈教法〉 每动讲解、示范,然后统一口令"跟我学" 最后综合全部动作;朝同一方向做
基本部分	一、教"大铃片操" 第一节:弯举:发展肱二头肌,统一口令做 12 次 第二节:臂屈伸,发展肱三头肌 第三节:立正双手提拉,练习三角肌 第四节:弓身划船,练习背阔肌 第五节:弓身运动,练习竖脊肌 第六节:高抬大腿,练习腹部、髂腰肌 第七节:平推,练习上臂和胸部爆发力 第八节:甩片(模仿摔跤)全身 第九节:提铃蹲跳,锻炼下肢、全身	20	准备好 23 片 3～5 公斤铃片,开始让第 1、2 组出列,组员取铃片在手 老师每动讲解、示范,按统一口令,每动做 12 次,前两排做,后两排叫口令,并指导,然后交换做 甩片难度大,加强示范
	二、练腹肌(双人做) 1.卷腹:同伴压在腿上,慢慢卷起上背部,下背部始终贴地 尽力做 15 次,待起身后立即用双手推压对方肩部 2.收腹举腿:同伴站在练习者头上方,尽力做 15 次后,待对方举腿方过头顶时,双手用力将其推下,重复做	2	准备好 22 只小垫子 讲解、示范 两人一组、然后互换 卷腹练习上腹部 举腿练习下腹部
结束部分(3 分钟)	1.成一路单排站立,手拉手组成一个大圆圈做下列舞蹈动作: ①向前走并折体 ②向后退并仰体成开花状 ③向左侧走 1、2、3、4,喊 4 时踢右腿,反向再做 2.小结 总结本课学生表现,表扬好学生、宣布下课		

三、瘦男强壮训练

肌肉围度小，肌肉缺线条、清晰度低，肢体纤细，胸薄，背窄，四肢细小，俗称“豆芽菜型”，这部分人一是要加强肌力训练，另外还要加强营养，特别要补充蛋白质。

重点训练以下部位(可参选后面的动作)：

(一)胸部

采用中小重量做卧推和仰卧飞鸟练习，有条件的可在健身房做蝶机夹胸、拉力器(上、中、下内夹)。

无条件的可做双杠双臂屈伸或由头高位到脚高位的俯卧撑。(下胸部由胸大肌、胸小肌组成，它的丰满程度决定是否健美)

(二)背部

采用中重量做“由下向上拉、由前向后拉、向上向下拉”的拉引器械或引体向上、划船等行之有效的动作。

(三)肩部

最有效的方法是各种平举(如侧平举)和颈后推，能有效地发展三角肌。

前平举——发展三角肌前束。

侧平举——发展三角肌中束。

弓身侧上举——发展三角肌后束。

(四)腹部

特别是体胖者、腹软无力者要加强这部位的训练

卷腹——练习上腹部。

收腹举腿——练习下腹部。

腹部练习主要采用自身重量要多做、要力竭才有效。

如能到健身房做高滑轮体前屈(下压)动作，对锻炼腹部特别有效。

(五)臂部

要练臂前部的肱二头肌和臂后部的肱三头肌，使臂部强壮有力。

肱二头肌——各种弯举、垫肘弯举(文斯弯举)和单臂集中弯举对锻炼肱二头肌效果极佳，用橡皮条做各种弯举适合青少年，行之有效。

肱三头肌——可做各种推伸动作，如上推杠铃、哑铃等，也可做简易的双臂屈伸、俯卧撑以及皮条伸肘练习。

(六)腿部

重点放在大腿肱四头肌上，建议多做腿屈伸练习。

青少年正处在成长、发育阶段即发展力量的敏感期，可以举多一些、重一些，但仍不宜做大重量下蹲(深蹲)练习。

平常走、跑、跳都要用到小腿肌(小腿三头肌),所以可以不专门练它,做一些负重提踵(提脚跟)练习即可。

(七)腰背部

这部分对姿态健美很重要,必须加强竖脊肌即背长肌的训练。可以多做长凳或山羊上的挺身训练,还可做直腿上拉、宽上拉等来增强腰背及全身的爆发力。

对“豆芽菜型”少儿,一周只要练3～4次力量,每次用中重量做,每个动作做6～8组,一次练2个部位,做20多组即可。

附:简单的课次计划(周)

周一

1.胸

卧推:由轻至中重做6～8组

仰卧飞鸟　中重做组2～4组

2.臂

肘下压(三头)8～10RM×4

弯举(二头)8～10RM×4

3.腿

屈伸8～12RM×4

4.腹

尽力做15～20次×4

周三

1.肩

侧平举:8～12RM×4

颈后举:6次×4

坐推:6～8次×5

弯举:8～12RM×4

2.腰背

山羊挺身:8～15RM×4

3.腹

高滑轮、体前屈×4

周五

1.划船(后拉)8～12RM×4

2.引体(反握)10次×4

3.综合上臂部:坐推6次×6

4.坐姿提踵30次×2

5.斜蹲 20 次×3×3＞

四、肥胖女性的训练

肥胖者共同点是脂肪多，这些脂肪大多堆积在腹部、臂部和大腿部，要想行之有效地去脂减肥，就要采取综合训练法加晚餐节食。所谓综合训练就是将肌肉循环练习、柔韧拉伸训练和有氧训练有机结合起来。女生可做柔韧拉伸训练，如垫上形体练习和舞蹈练习配乐的小哑铃操、杠铃操(莱美系列)。这种把有氧训练和无氧训练结合起来的训练，是当前行之有效的减肥方法，很适合肥胖女孩。其他健美练习还有垫上形体练习、女子防卫拳操、多种跳跃练习和循环练习。

具体练习方法参见第四章“减肥塑形篇”。

第六章　健美健身与营养饮食

一、健美健身与营养

（一）营养的重要意义

营养学是研究食物、营养素与人体健康关系的科学。国民营养水平关系到国民体质的强弱，也是衡量国家经济和科学文化发展水平的标志。

(1)营养直接影响生长发育，它是物质基础。

(2)营养合理能增进健康。

(3)营养可从神经和体液两方面影响人体的功能。

(4)营养和免疫功能有直接关系。

(5)营养是提高运动成绩的三要素(科学选材、从严训练、合理营养)之一

（二）营养素有哪些

营养素是指食物中能被机体消化、吸收利用的营养物质。

有七大类营养素：蛋白质、碳水化合物、脂肪、矿物质、维生素、纤维素和水。也有把热能(酒精)列为第八项的。蛋白质作为营养素1920年就有人提出，而纤维素是近几年经研究才提出的第七大营养素。

（三）人体健康的基石——蛋白质

1.蛋白质的组成和种类

蛋白质由碳、氢、氧、氮四种主要元素组成，氨基酸是组成蛋白质的基本单位。大部分蛋白质均由300个以上的氨基酸组成。通常，人体需要20种氨基酸，以组合成不同种类的蛋白质，供身体正常的生长和发育。

大豆中的蛋白质含量最高，达20%～40%；肉类、奶类次之(含鱼)，为10%～20%；粮谷类8%～10%；蛋类含蛋白质量较高，为11%～20%；水果、蔬菜最少。

氨基酸种类：必需氨基酸(8种)——必须从膳食中获得，非必需氨基酸(12种)——可以在人体内合成。

蛋白质分三类：完全蛋白质、半完全蛋白质和不完全蛋白质。

(1)完全蛋白质：来自动物，含足够的必需氨基酸；

(2)半完全蛋白质:如大麦和小麦中的麦胶蛋白;

(3)不完全蛋白质:来自植物,如玉米胶蛋白。

2.蛋白质的功能

(1)帮助形成新组织,修复旧组织。

(2)调节生理功能,增强抗病能力、排毒(氮元素)。

(3)提供热能。每克含 4 千卡,供能最高可至总热量的 15%。

(4)运动有增强蛋白质合成的功能:有氧运动会增加线粒体及氧化激素;而无氧运动则会增加收缩肌的蛋白。

3.建议摄入量

(1)研究报告建议:普通成年人每千克体重摄入量为 1.0～3.0 克,此标准同时也适用于健美训练者和从事耐力或爆发力的训练者。

(2)注意事项:计算体重时,应将体脂一并考虑有内。

(3)所占比例:摄入肌体的蛋白质所提供的热量应占总热量的 10%～15%。

4.蛋白质的质量等级

蛋白质是以生物价来划分等级的,生物价越高,说明蛋白质的质量或营养价值越高,见表 6-1。

表 6-1 蛋白质的生物价

蛋白质来源	蛋白质的生物价/%	蛋白质来源	蛋白质的生物价/%
蛋类	97	全小麦	65
奶类(干酪)	93	燕麦类	65
鱼类	76	坚果	64
牛肉	75	豆类	64
鸡肉	75	玉米	60
黄豆(豆腐)	76	花生	55

5.蛋白质的消化率

一般方法烹调:颗粒大豆消化率为 60%,加工成豆浆、豆花、豆腐后则增至 90%;面包为 90%;马铃薯为 74%;玉米面窝头为 66%;肉类为 92%～94%;蛋类为 98%;奶类为 82%。

(四)有氧运动及无氧运动的主要能量来源——碳水化合物

1.碳水化合物的组成、来源和分类

组成:由碳、氢、氧元素所组成。

来源:小麦及淀粉类食物,包括谷物、水果、蔬菜。

分类:依分子结构分为单糖、双糖(二糖)及多糖(由三个以上单糖分子组成)。

单糖——葡萄糖(100%)、果糖(43%)及半乳糖(吸收快、易导致肥胖和脂肪积累);

双糖——麦芽糖、蔗糖(食糖)及乳糖;

多糖——淀粉、原糖、食用纤维素及葡萄糖分子键(糊精)。

不同的糖有不同的甜度:蔗糖 100%,果糖 70%,葡萄糖 50%,半乳糖、麦芽糖为30%,乳糖为 20%;淀粉的甜度最低。饮食要少糖,尤其是减肥者,要控制单糖的摄入量。

2.碳水化合物的功能

(1)供给热能:1 克碳水化合物在体内可提供 4 千卡的热量,是有氧及无氧运的主要能量来源。

(2)维持中枢神经系统的正常功能;脑组织中无能量储备,几乎完全靠血糖供给能量,每天需要 100～200 克葡萄糖。

(3)抗生酮作用:能维持脂肪的正常代谢。

(4)节约蛋白质。

(5)保护肝脏。

(6)制造可被人体直接使用的三磷酸腺苷(ATP)的主要来源。

3.糖原贮存形式及膳食分配

主要适用于耐力性运动项目训练者(马拉松训练者)或以身体外形为取胜因素的训练者(健美训练者)。

碳水化合物在人体中以糖原形式进行贮存,主要分三种形式:

(1)肝糖——以糖原形式贮存于肝脏(75～100 克),需要时用以调节血糖浓度。

(2)血糖——主要释放葡萄糖以供身体组织使用。血糖水平受胰岛素控制,而肌肉亦受此控制,糖原的贮存量约 5 克。

(3)肌糖——它以糖原形式贮存于肌肉(360～400 克),亦用于新陈代谢。超过肌体需要的碳水化合物将转为脂肪并储存于脂肪组织中。

普通人每天需要约 500～600 克的碳水化合物。

4.低碳水化合物饮食对身体的影响

低碳水化合物饮食在多种不同情况下会对身体产生不同的影响。例如:肝糖耗尽时,会引起低血糖;肌糖原耗尽时,患者会出现体弱及疲倦现象,同时蛋白质也将被分解、转化为糖类提供能量。低强度运动能增加脂肪消耗,避免糖原过量使用;运动强度过高时,肌肉糖原会减少,而血糖则成为主要能量来源。

5.注意事项

(1)比赛前的数天,进行高碳水化合物膳食及减低训练强度,可增加糖原储备量。

(2)训练后,应首先补充水分(用于调节体温及正常生理功能)。然后补充碳水化合物。

(五)提供健身训练能源的“燃料”——脂肪

1.脂肪的组成和种类

脂肪:由碳、氢、氧三种元素组成,可分为饱和脂肪(来自动物、猪、牛、鱼肝油、奶油)和不饱和脂肪(来自豆油、花生油、菜油、芝麻油)。

2.脂肪的主要贮存形式和功能

脂肪在体内主要有三种形式:

(1)以甘油三酯的形式贮存在皮下及器官组织周围的脂肪细胞内;

(2)以游离脂肪贮存在血浆内;

(3)以甘油三酯的形式贮存于肌肉内。

脂肪的主要功能包括:

(1)维持体温;

(2)保护脏器;

(3)贮存能量;

(4)供给热能:每克脂肪在体内氧化可供给 9 千卡的热量;

(5)构成身体组织;

(6)供给必需脂肪酸;

(7)成为脂溶性维生素载体并促进其吸收利用;

(8)增加食物香味与饱腹感。

3.脂肪的食物来源

脂肪主要来源于肉类、奶类制品及酱汁,其中烤或煎炸的食品含脂肪较多,如油条、饼干、糕点、糖果等。

4.血中胆固醇量的标准

以每 100 毫升血液为例,胆固醇量低于 200 毫克为安全水平,介于 200～240 毫克为边缘水平;而高于 240 毫克则为危险水平。因为胆固醇及其他脂类形成沉淀物堆积于动脉管壁上,会导致动脉硬化,继而阻塞血液流动,甚至形成血凝块而将血流完全堵塞。如果此情况发生在冠状动脉则称为冠心病。过量摄入高脂肪及单糖食品易导致肥胖、糖尿病、中风及冠心病。

减少胆固醇要做到:少饮酒(大部分摄入的酒精将转化为脂肪而导致血中甘油三酯水平提高);减少高脂肪或者单糖的摄入量。

(六)健身训练排废调温的“媒介” ——水

1.水是人类的生命之源

水在男性体内占体重的 60%,在女性体内占体重的 50%。

水是构成人体不可缺少的重要成分,是维持人体正常生理活动的重要营养物质之一。水的重要性不亚于食物,人可以数天不进食,但必须喝水。唐山大地震时,矿井下的工人被困8天虽未进食,但因为有水喝,所以并无生命危险。

2.水在体内的生理功能

(1)构成人体:成人肌体内水约是体重的60%以上;

(2)促进物质代谢:水是良好的溶剂,溶解被人体摄入的营养物;

(3)调节体温:出汗可散发大量热量;

(4)起润滑作用;

(5)体内某些物质如蛋白质、糖原、磷脂等都可以和水结合,形成胶体状态,可维持脏器的形态。

失水的表现见表6-2。

表6-2　失水的表现

失水程度(占体重的比例)	表　　现
2%	强烈口渴,不适应,食欲下降,尿少
4%	不适应加重,运动能力下降
6%	全身无力,无尿
8%以上	烦躁,体温上升,心率加快,血压下降,循环衰竭,甚至死亡

3.水在体内的平衡(见表6-3)

表6-3　成人每日水平衡

摄入方式	摄入量(毫升/天)	排出途径	排出量(毫升/天)
饮水	1200	尿	1500
食物水	1000	粪便	150
代谢水	300	呼吸出气	350
		皮肤蒸发	500
合计	2500		2500

4.运动员如何补充水

运动训练或者比赛时,因运动员水盐代谢旺盛,丧失水分很多,应该及时合理地补充水分。要少量多次补水,15分钟1次,每次250毫升左右。

不及时——会引起血液浓缩,脉搏加快,体温升高。

大量喝——每小时喝水超过1000毫升时,会增加心脏、肾脏等的负担,影响食欲。

饮水时应注意:水温应以8～12℃为准,少量多次。

(七)构成肌体组织——矿物质

1.种类

矿物质又称无机盐,根据体内含量的多少可以分为两大类:一类含量较多,称为常量元素,主要有钙、磷、镁、钾、氯、硫,占人体总重量的万分之一以上;另一类含量较少,称为微量元素，主要包括铁、碘、氟、硒、锌、铜等，占人体总重量的万分之一以下。矿物质元素总量占体重2.2%～4.3%。

世界卫生组织将14种微量元素定为必需微量元素，它们是铁、氟、锌、铜、钼、钴、铬、锰、镍、硅、碘、硒、锡、钒。

2.功能(无机盐)

矿物质对人体十分重要，不仅是构成肌体组织的重要成分，而且可维持体内液体渗透压和保持神经肌肉兴奋性，调节肌体酸碱平衡。矿物质一般可以从食物中摄入，但有的矿物质容易缺失，如钙、铁、磷、锌等，有的还发生过地区性缺乏，如某些地区患大脖子病的较多就是因为缺碘。(1)钙的功能、需求量与来源见表6-4。

表6-4 钙的生理功能、需求量与来源

生理功能	需求量与来源
构成骨骼和牙齿； 维持神经肌肉的正常兴奋性； 促进血凝； 对心肌的特殊作用——增强心肌的收缩力，维持心肌的收缩和舒张，维持正常的心跳节律。	成人日需求量为800毫克； 孕妇、乳母量较大，为1 000～1 500毫克； 少儿量按体重计，明显比成人高； 含钙比较多的食物有虾米皮、海带、豆类、蔬菜、芝麻，山楂，最好来源是奶及奶制品，含量高，吸收快

(2)磷的功能、需求量与来源见表6-5。

表6-5 磷的功能、需求量与来源

生理功能	需求量与来源
(1)构成骨骼和牙齿； (2)参与物质能量代谢； (3)合成磷脂，磷脂是神经组织和细胞膜的重要成分； (4)参与调节酸碱平衡 由于磷与能量代谢和神经肌肉的活动有密切关系，因而在运动营养中磷有重要意义	磷在鱼虾、瘦肉、动物内脏、干豆、杏儿、核桃、南瓜子等食物中含量较高，近年来新的研究表明：磷的某些化合物还是人体内能量的供应站和储存库，磷对于运动员极其重要，使用磷酸盐有提高运动能力的作用，尤其在进行神经系统较紧张的运动项目时 常人日供给为1.2～1.5克； 运动员日供给为2.0～2.5克； 大运动量可提高到3.0～4.5克

(3)钾的功能、需求量与来源见表 6-6。

表 6-6 钾的功能、需求量与来源

生理功能	需求量与来源
(1)维持渗透压和水平衡; (2)参与糖、蛋白质代谢——促进肌球蛋白合成; (3)维持神经系统、肌肉的兴奋性和心脏的正常跳动	成人一日需求量为 2～3 克; 运动员一日需求量为 4～6 克; 水果中含有丰富的钾,香蕉、柑橘含钾量最多,其次是动物肝脏、脾脏以及豌豆、青豆、小豆、小麦、荞麦等

(4)钠和氯的功能、需求量与来源见表 6-7。

表 6-7 钠和氯铁的功能、需求量与来源

生理功能	需求量与来源
(1)维持渗透压和水平衡; (2)调节酸碱平衡; (3)维持神经肌肉的兴奋性; (4)产生胃酸——促进维生素 B_{12} 和铁的吸收,抑制微生物生长; (5)氯化钠有调味作用 运动员在夏季训练或者比赛,应多喝些咸汤、盐开水、盐汽水防止缺氯化钠	成人需求量为每日 6 克,不应该超过 10 克,来源为食物

(5)铁

一般成人体内含铁 5～7 克,血红蛋白存有其中的 60%～70%,肌红蛋白中存有 5%。铁也是过氧化氢酶的组成成分,可清除体内的过氧化氢,有利于肌体健康(见表 6-8、6-9)。

表 6-8 铁的功能、需求量与来源

生理功能	需求量与来源
参与血红蛋白、肌红蛋白、细胞色素等的合成,妇女因月经失血过多,需求量比男子大; 参与血液中氧的运输; 参与能量代谢; 免疫作用:含量丰富时可杀菌抑菌活性	瘦肉、肝脏中的铁的吸收率为最高,为 22%,鱼肉 11%,蛋仅 3%,大米更少仅为 1%; 我国规定成人日需求量男为 12 毫克,女为 18 毫克,运动员为 20～30 毫克

表 6-9　铁在食物中的含量

单位:毫克/100 克

食物	含量	食物	含量	食物	含量
黑木耳	185	海带	150	芝麻酱	58
桂圆	44	银耳	30.4	菠菜	24.5
猪肝	25	猪血	15	牛肾	11.4
大豆	11	黑豆	10.5	油豆腐	9.4
芹菜	8.5	豆腐干	7.9	桃干	7.6
小油菜	7	荠菜	6.3	西瓜子	8.3
海蜇	9.5	鸡肝	8.2		

(6)锌

成人体内含锌 2～3 克,主要分布在睾丸、头发、骨骼、肝、肾、肌肉、胰、脾、胃、肠道和血液中。锌的生理功能、需求量及来源见表 6-10。

表 6-10　锌的生理功能、需求量及来源

生理功能	需求量与来源
(1)参与多种酶的合成; (2)加速生理发育; (3)增强创伤组织的再生能力; (4)增强免疫力; (5)影响味觉和食欲; (6)促进维生素 A 代谢; (7)促进能量代谢; (8)影响性功能——对性器官的正常发育和性机能的实现都有十分重要的作用	1～10 岁,每日 10 毫克; 10 岁以上,每日 15 毫克; 含锌较多的食物有牡蛎、胰腺、肝脏、五谷、干豆、坚果、鱼、肉、蛋等,过量摄入会中毒

(7)碘

碘的作用是参与甲状腺素的合成。该激素可调节能量代谢,对蛋白质、脂肪、糖代谢以及水、盐、代谢都有影响,从而促进生长发育。缺碘时,甲状腺素合成不足,可引起甲状腺代偿性增生、肥大,出现甲状腺肿(大脖子病)。

成人的碘需求量为每日 150 微克,海产品中含碘较多,海带、紫菜含碘最多,海盐及某些湖盐中也含有碘。在缺碘的地区(如云南贵州少数民族山区)可在食盐中加碘以预防缺碘。

(8)镁

镁是人体不可缺少的重要元素,镁离子是人细胞第二丰富的正离子,99%的镁存在于人体细胞中,由于它参与能量转换的各种反应,所以特别重要。人体一旦缺少镁,细胞产生能量的功能就会发生障碍,从而导致肌无力和耐力下降。经常缺镁,还会引起心血管系统的疾病，对大脑和血管产生不良影响，使人在运动中产生精神和心理障碍。

近年来的研究发现，镁还可以抑制癌细胞的发展，帮助血管舒张，加强肠壁蠕动，促进胆汁分泌，促进机肌废物的排出。

男子每天需要补充镁 350 毫克，女子每天需要补充镁 300 毫克。

绿色蔬菜、豆制品、玉米、水果等中含镁较为丰富。我国新开发的沙棘精和沙棘饮料含镁也十分丰富，运动员可优先选用。

3.几种必需微量元素的生理功能

(1)锰：锰可促进动物的生长、发育、繁殖。尤其可促进软骨发育，锰对加速细胞内脂肪的氧化具有促进作用，锰可影响智力发育。

(2)铬：胰岛素发挥作用必须有铬参与，铬与脂肪及胆固醇的代谢关系密切，铬还参与蛋白质的代谢，加速生长发育，改善体质。

(3)钼：钼是一切固氮高等植物所需的营养成分，对植物内维生素 C 的合成及分解具有一定作用。

(4)钴：参与造血过程，增强骨髓造血机能，影响脂肪代谢，防止脂肪在肝内沉着，能改善锌的生理活性，使锌易于吸收。

(5)硒：保护细胞膜的结构及功能不受过氧化物的损害和干扰，参与辅酶 A 和辅酶 Q 的合成，同时可促进丙酮醛脱羧，加强 α-酮戊二醛氧化系统的活性，保护视力和神经传导。硒在生物体内外有抵抗和降低汞、镉、铊、砷等元素毒性的作用。硒还与精子的生成有关，因此，缺硒可影响生育。

(6)镍：具有刺激生血机能的作用，能促进细胞的再生。对凝血过程中可变因子的稳定性也有一定的作用。

(7)钒：对造血过程有一定的积极作用，同时可抑制体内胆固醇的合成，因而钒有降低血压的作用。

(8)锡：能促进蛋白质及核酶反应，与黄素酶的活性有关，对维持某些化合物的结构很重要，同时可加速动物的生长，摄入锡过多可缩短动物的寿命，引起肝脂肪性变及肾血管变化。

(9)氟：氟对骨骼和牙齿的形成和结构维持，以及钙和磷的代谢均有重要作用。

(10)锶：锶是人体骨骼及牙齿的正常组成部分，锶可增强神经及肌肉的兴奋性。

(八)纤维素

膳食纤维是无法被肠道消化吸收的多糖类物质，如纤维素、半纤维素、木质素和果胶、藻类多糖等。每人每天的最佳摄入量为 25 克。

纤维素的生理功能主要有：

(1)促进肠蠕动，有利于通便，防止便秘。

(2)预防结肠癌。

(3)膳食纤维在口腔里可增加咀嚼时间,刺激唾液分泌。

(4)食物纤维因为不提供能量,同时可降低血糖水平,从而对减轻体重、控制肥胖有作用;需要控制体重的运动员可以适当吃些食物纤维,食物纤维在粗粮、豆类、胡萝卜、芹菜、韭菜、草莓中含量较多。干果、果脯及干菜中纤维素含量更高,人们可根据需要选用。

(5)预防心血管病。

(6)预防和治疗糖尿病。

(九)维生素

世界风行的"维生素保健"已成为21世纪的健康时尚,维生素是近百年才陆续发现的一组营养素,是维持人体正常功能的一类有机化合物,已知的维生素有30余种。维生素的共同特点是:不供给能量,也不是肌体构成成分,但都是维持身体正常生长发育的有机化合物。

1.作用

(1)有助于肌体吸收热量和构成基本组织的原料。

(2)在细胞中能促进酶和激素的作用,影响代谢及热能的转换。

(3)维生素除有重要的营养作用外,还有一定的药理作用。在临床中广泛用于治疗某些疾病。

(4)维生素对于运动员更为重要,有的维生素直接影响人体的运动能力,缺维生素会引起无力、疲劳、食欲下降、头痛、无运动欲望、注意力下降、运动能力明显下降等。

2.分类

维生素的种类较多,一般分为脂溶性和水溶性两类。

脂溶性维生素溶于脂肪而不溶于水,其吸收方式与脂肪相似,并能在体内储存起来,包括维生素A、维生素D、维生素E和维生素K。

水溶性维生素溶于水而不溶于脂肪,在体内不能储存。它包括维生素 B_1、B_2、B_6、B_{12} 等。

维生素的来源及功能如表6-11、6-12所示。

表6-11　脂溶性维生素

维生素A	维生素B	维生素E(生育酚)
(1)来源:动物肝脏、蛋黄、鱼肝油、奶汁、沙棘、胡萝卜、玉米、韭菜、菠菜、油菜、枇杷、杏。1/3来自胡萝卜素 (2)作用: ①构成视觉细胞的视紫红质,缺少会得夜盲症。②保护眼、口、鼻、消化道、膀胱及其他上皮膜的正常结构和功能。③有抗氧化作用 (3)需要量:一般人日需3毫克,运动员每天需5～6毫克	(1)来源:鱼肝油、肝脏、鱼类、奶类、蛋类等动物性食品中 (2)作用:促进骨骼生长和发育	(1)来源:植物油、沙棘、莴苣等 (2)作用:增强肌体免疫力,抗氧化作用,抗衰老,对心脏有良好作用,能增强耐力及力量,抗癌,防流产 (3)需要量:运动员每天需90毫克

表 6-12　水溶性维生素

维生素 B_1(硫胺素)	维生素 B_8
(1)源自:酵母、黄豆、芝麻、桃、瘦肉、谷类外皮、胚芽、沙棘 作用:①促进糖代谢;②提高心脏功能;③提高食欲;④增加耐力 (3)需要量:成人日需1.2～1.5毫克;运动员日需5～10毫克	(1)源自:酵母、蛋黄、绿叶蔬菜、水果、黄豆、牛奶、动物肝脏 (2)作用:①促进放能过程;②保护视力、皮肤、口舌及神经系统正常功能;③参与蛋白质、脂肪和糖的代谢;④增加耐力和运动能力 (3)需要量:大
维生素 B_2(核黄素)	维生素C(抗坏血酸)
(1)源自:肝、肾、心、奶、蛋和豆类 (2)功能:①构成黄酶的辅酶,维护皮肤和黏膜的完整性,并对眼角膜和晶体代谢起重要作用;②参与体内蛋白质合成对肌肉发育有重要作用 (3)需要量:成人每日1.2～1.5毫克,从事力量健美、耐力等项目者需3毫克以上	(1)源自:新鲜水果及绿叶蔬菜,酸枣、西红柿、橘子、辣椒中含量高,沙棘、猕猴桃中含量也较高 (2)作用:①增强耐力;②加速运动后疲劳的消除;③防止坏血病;④能增强机体抵抗力;⑤有造血功能;⑥防止动脉粥样硬化;⑦近年研究显示其有防癌作用 需要量:成人日需60毫克,运动员日需100毫克以上。

二、健美健身与饮食

(一)平衡膳食

1992年世界卫生组织在维多利亚开会,发表《维多利亚宣言》,提出健康的三个里程碑:第一是平衡膳食(见表6-13),第二是有氧运动,第三是健康心态。

表 6-13　关于平衡膳食

一、二、三、四、五说	关于红、黄、绿、白、黑
一是指一袋牛奶或一袋酸奶。 牛奶的重要性： 牛奶营养全面，每 500 克牛奶含蛋白质 16.5 克，脂肪 17.5 克，糖 22.5 克，钙 600 毫克，还有维生素 A 等。	红：男性每天吃一个西红柿可将患前列腺癌的风险降低 45%。 吃红辣椒能产生内啡肽，使人精神。
日本通过向青少年供应牛奶，使青少年平均身高大大提高。 泰国经过 20 年的努力，男 18 岁身高提高 4cm。	黄：南瓜、老玉米、胡萝卜、小米等，含卵磷脂、亚油酸、维生素 E。
女 18 岁身高提高 3cm，牛奶、酸奶都很有营养。 二是指 250～350 克碳水化合物。	绿：绿茶防癌、抗癌，苦瓜、韭菜、菠菜也有类似功效。
三是指三份高蛋白. 1.瘦肉、鸡蛋；2.鱼虾、鸡蛋；3.黄豆。 四是指四句话：有粗有细；不甜不咸；三、四、五顿；	白：燕麦，英国撒切尔夫人和中国陈立夫经常食用燕麦片，燕麦粥能降甘油三酯。
七、八分饱。 五是指 500 克蔬菜。	黑：黑木耳降低血管中形成血栓的风险，黑米、黑芝麻、香菇。
应包含下列 5 组内容	
第 1 组：肉、禽、鱼类。 第 2 组：蛋、牛奶、乳制品。 第 3 组：谷类食品（米饭、面包、麦片）。 第 4 组：蔬菜、水果、豆科植物、坚果。 第 5 组：脂肪类（食用油、黄油）。	

（二）一日三餐的学问

早餐要吃饱：吃九成饱，食用牛奶、肉、禽、燕麦片等。

午餐要吃好：吃八成饱，食用酸奶、鱼、虾、豆制品、米饭、水果等。

晚餐要吃少：吃五成饱，食用小米粥、面包、蔬菜、水果等。

（三）少吃多餐的学问

以三餐为主，三餐之间补充营养补剂和水果、点心。瘦型人在睡前还应补充点心及饮料。

(四)去脂减肥者饮食的学问（见表 6-14）

表 6-14　去脂减肥者饮食的学问

应多吃的食物	不吃或少吃的食物
鱼、瘦肉(牛、猪、羊肉)。 蛋(以蛋清为主,适当吃些蛋黄,因其中有丰富的维生素 A 等) 牛奶及奶制品 豆浆及细研的豆制品 蔬菜:如韭菜、芹菜、苦瓜、黄瓜等 水果:如苹果、柚子等 坚果:核桃、花生适当吃 黑木耳、香菇、地皮菜应多吃 多饮:乌龙茶、铁观音、绿茶、玉米粥等	少吃动物脂肪和油腻食物(肥肉可适当吃) 少吃胆固醇高的食物,如动物内脏、黄油等 少吃单糖如葡萄糖和果糖 少吃盐,因盐含钠,钠过多易引起高血压 不要一次大量饮水,一次不应超过 1000 毫升 少饮酒:酒精就是热能,多喝可变成脂肪储存在腹部成“啤酒肚”,应限量;喝白酒一次不应超过 50 克,啤酒不超过 400 克
一日三餐这样吃 早餐一定坚持吃饱,不吃则是致肥的原因之一 中餐吃好,多吃些高质量的优质蛋白,如鱼、肝、瘦肉等 晚餐要少吃,喝一点小米粥,吃几片“高纤饼干”即可	

(五)消瘦大学生应多吃的食物

(1)要想长体重必须多吃优质蛋白,每天每人每公斤体重应摄入 3.5 克蛋白质。

(2)必须多餐,一天吃 6～7 餐,每隔 3 小时吃一餐,除天然食品外,还可补充营养补剂等食物。

(3)尽量保持安静,减少能量消耗。

吃后平躺或高抬双腿,使 1/3 的血液集中在胃部,有助消化。

瘦人大多胃肠功能较差,可能存在消化系统的疾病,应先对存在的疾病进行治疗。

(六)使肌肉线条分明的饮食

在食谱中取消所有的碳水化合物类食物,以鱼、蛋、鸡胸肉、精瘦肉(牛、猪、羊)为主要食物,但每 4～5 天要吃一餐以碳水化合物为主的食物,如面糊、土豆(剥皮)等,不然肌肉将会不饱满。

赛前不食油、盐。食用白水煮鸡胸、精肉,喝健康饮品。

取消膳食中油脂食物的同时要服用一些耗脂剂如左旋肉碱等。

(七)高强度训练后神经疲劳时的饮食

高强度训练后要消除神经疲劳,应多吃以下食物:

(1)高蛋白和高磷食物;

(2)乳制品(酸奶、奶酪)等;

(3)新鲜水果;

(4)新鲜蔬菜;

(5)复合维生素如金施尔康等。

(八)进餐时间很重要

美国一位营养学家讲得好，不在于吃什么，在于什么时候吃。训练前1.5小时进餐比较好，因为训练时食物已经有所消化(见表6-15)，流向胃脏等处的血液量减少。人们开始健身锻炼后，血液流向四肢及全身，为进行多种锻炼做好了准备。由于训练前身体补充了足够的营养素，训练起来更有精神。练前1小时以内进餐不太好，因为训练时肠胃正在紧张地工作，需要大量的血液参与消化，这就造成了供需紧张的矛盾。如果那时要进餐，应注意少吃一些，并吃一些易消化的食物。

表6-15　不同食物在胃内的消化时间

时间	食　　物
1～2小时	水、咖啡、茶、可可、鲜肉、肉汁、啤酒、鸡蛋羹、煮米饭、新鲜河鱼
2～3小时	熟牛奶、牛奶咖啡、牛奶可可、土豆、嫩蔬菜、水果、白面包、煮鸡蛋、煎鸡蛋、海鱼
3～4小时	黑粗面包、土沙拉、煎土豆、萝卜、胡萝卜、菠菜、黄瓜、苹果、烤小牛排、碎牛肉、火腿、熟鸡肉
4～5小时	豆类(豌豆、菜豆)、烤家禽、野味、熏制肉、精牛排、咸鱼
6～7小时	咸肉、腌制鳞鱼色拉、洋蘑菇
7～8小时	烤鹅、罐装沙丁鱼

如果是晚上训练，瘦人和健美运动员应该在训练后再第二次进餐，这次可吃一些难消化但生理价值高的食物，如黄瓜、土豆、烤牛肉等。

(九)健美运动员的饮食

1.世界健美精英(季军)，中国优秀女运动员曹新丽每天吃6餐，用白水煮以下食物，全天食用：

(1) 30个蛋清(建议食用几个蛋黄)；

(2) 500克鸡胸(优质蛋白)；

(3) 500克鲜鱼；

(4) 500克优质牛肉；

(5) 大量的黄瓜、西红柿等新鲜蔬菜和水果。

2.世界优秀男健美运动员的食谱

早餐：3个新鲜鸡蛋，1个应季新鲜水果或一杯刚榨出的橘汁，1小盘家常酸乳酪或沙拉，加维生素片、矿泉水。

午餐：一大份新鲜蔬菜沙拉(浇上一点香油和醋)，一份热新鲜蔬菜，一大份烧菜(如鱼、禽及上等牛肉、羊肉、猪肝等)，一小杯红葡萄酒或矿泉水。

午点心：小盘上等乳酪，应季新鲜水果(如梨等)。

晚餐：和午餐相似。

夜餐：一小盘新鲜乳酪。一天中总共喝8～10杯矿泉水。

（十）健美爱好者一天的食谱（表 6-16）

表 6-16　健美爱好者一天的食谱

进餐次数	进餐时间	进餐内容
第 1 餐	上午 7 点	2～3 个鸡蛋，1 块面包
第 2 餐	上午 9 点	2 个鸡蛋，1 种水果
第 3 餐	中午 12 点	米饭和面食，蔬菜，1 种高蛋白食物
第 4 餐	下午 2 点	1 块面包，若干土豆和水果
第 5 餐	晚 6 点	土豆或面食（肉夹馍）或鸡、鱼、蔬菜
第 6 餐	晚 8 点	1 杯牛奶或 1～2 个鸡蛋

注：此食谱供有一定基础的健美运动员适当参考。

（十一）健美大师阿诺德·施瓦辛格关于食谱的建议

阿诺德·施瓦辛格认为：凡增加体重有困难的人，通常新陈代谢率高，要先学会一点休息的本领，在食谱中还应加：

（1）全麦面包；

（2）烤土豆（含大量蛋白质）；

（3）小米饭；

（4）烤熟的新鲜蔬菜；

（5）少量的坚果（如花生、核桃、瓜子）；

（6）干果（最好不带糖浆）；

（7）家常酸乳酪。

还要做到“三不要”：

（1）不要在锻炼前吃得过饱；

（2）在锻炼中须少吃糖；

（3）不要把几种蛋白质混在一块吃。

三、健美健身与运动营养品

健身人群在积极健身时，存在几个普遍的问题：运动时体能不足，健美增肌人群肌肉增长缓慢，运动后疲劳难以消除，以及减肥人群减脂缓慢等。

为什么会出现上述问题呢？这是因为在运动之外，营养在健康中占据着同样重要的位置，因为人类要生存首先就要不断地从外界摄取各种各样的营养素。营养素摄取得是否充足、合理会直接影响到一个人的身体健康和生命功能。合理的营养首先来自合理的饮食，即全面、平衡、适量的饮食；其次、适当地补充运动营养食品也是非常重要的。经常从事健身运动的人群对营养的需求有一定的特性，要根据运动的特点，选择更高品质的营养补充剂来满足自身的需要。

运动营养品是一类能够针对性地满足运动员人体代谢和生理功能需求的、具有高营养素密度和高生物活性的食品，可促进运动人员的健康和运动能力的提高。

运动营养品发展迅速，可以说已经风靡全球，运动营养品实际上是一些高度纯化和浓缩的营养素，广泛地存在于食物中。膳食作为唯一的营养源有局限性，如有些食物不容易被人体消化、吸收，高蛋白食物往往是高脂肪的，食物在烹调过程中会损失一定的营养素等。

针对不同的营养问题，应合理地选择运动营养品。

问题一：运动时体能不足

运动营养对策：提高运动中的能量生成。

提高运动中能量生成是解决运动中体能不足的关键。及时合理地补糖具有十分重要的意义。糖是肌体优质的燃料，是运动时骨骼肌细胞获得能量的主要来源，大脑90%以上的供能来自葡萄糖。

这一类运动营养品的代表是各种各样的运动饮料，其主要成分是碳水化合物，饮用以后可以起到快速补充能量的作用。运动饮料具有糖组合合理、电解质适量、渗透压低，无碳酸气、无咖啡因、无酒精等特点，是运动时理想的必备品。

怎样才能合理地补充糖呢？我们提倡针对运动前、运动中及运动后三个不同时段的特点来进行糖的补充，运动前糖负荷可以促进肌糖原储备，保持血糖稳定。

对于1小时以上的运动，运动中酌情补充运动饮料可以避免运动中低血糖的发生，从而推迟疲劳的发生。补充方法为每隔15～20分钟补充120～250毫升。

运动后是糖原恢复的最佳时期，也是肌肉吸收其他营养物质的关键时刻。所以运动后补糖时间越早，肌肉内糖原的再合成就越快，就越有利于健身及训练的长时间坚持。专家提倡：运动后即可饮250毫升运动饮料，以后在2小时内每小时饮250毫升。

问题二：肌肉生长缓慢

运动营养对策：遵循运动营养公式，合理地安排营养来增肌。

下面着重介绍一些常用的具有高生物活性的优质蛋白质和氨基酸。

1.乳清蛋白

乳清蛋白是目前国际公认的优质蛋白，是补充蛋白时的首选。作为增肌的优质原料，乳清蛋白具有许多优点：合理的氨基酸组成，亮氨酸、异亮氨酸、苏氨酸、色氨酸、赖氨酸含量较大豆蛋白多；丰富的支链氨基酸含量，亮氨酸、异亮氨酸、缬氨酸含量高。故国外许多优秀运动员将其作为支链氨基酸的代用品使用。其低脂肪、低胆固醇特点，避免了传统的大鱼大肉在富含蛋白质的同时，也带来了大量的脂肪的弊端，消化、吸收率高。

仅靠膳食不能方便、及时并充分地为身体补充营养，而运动营养食品完全不受这些因素的限制，能够快捷、方便、高效地为肌体提供各种营养素。另外，优质品牌的纯乳清蛋白提高了β-乳球蛋白的含量，降低了α-乳球蛋白的含量，在提供丰富的必需氨基酸及支链氨基酸的同时，却不过多地增加色氨酸的量(过多的色氨酸会引起中枢系统疲劳)。

2.谷氨酰胺

谷氨酰胺是肌肉中最丰富的游离氨基酸，占人体游离氨基酸总量的60%。在体育界，血浆谷氨酰胺水平作为评价过度训练的一个指标备受关注。谷氨酰胺对肌体的作用主要包括：抗分解、促合成，促进生长激素的释放，增加肌细胞的体积，促进肌细胞的生长和分化；提供氨基酸源，促进细胞内蛋白质合成；在摄入碳水化合物较少的情况下，保持肌糖原水平；增强免疫力，其不仅是免疫系统的重要燃料，还可增强免疫系统的功能。

3.支链氨基酸

支链氨基酸是缬氨酸、亮氨酸、异亮氨酸三种氨基酸的统称，为人体必需氨基酸。

支链氨基酸的作用主要有：促合成、抗分解。支链氨基酸是肌肉重要的结构物质，适量补充可促进运动后恢复期蛋白质的合成与代谢，加速肌肉合成，防止肌肉组织的分解；预防、延缓中枢疲劳，可有效防止色氨酸过多进入大脑，预防中枢疲劳；另外，运动时其供能总量达到氨基酸供能的60%。

还应注意创造肌肉合成的最佳环境。

1.肌酸

肌酸的作用及其作用原理为：肌酸能明显增加体重。肌酸把水带进肌肉，使得肌细胞的体积增大，有利于肌细胞吸收氨基酸，合成蛋白质，可提高肌肉蛋白的合成速度，促进新肌的生长。

肌酸能明显增加力量。因为肌酸能提高肌肉中磷肌酸的含量，为运动释放更多的能量。口服肌酸可以使肌肉中的磷酸肌酸含量提高20%，肌肉的爆发力增加；运动者可以进行更高强度的训练，通过“肌肉产生力量，力量产生肌肉”的循环，促进肌肉的生长。

肌酸的使用方法：服用肌酸要合理地掌握剂量和时间。冲击量：5～7天、20克(5克×4次)/天；维持量：3～5克/天。服用时间一般在两餐之间、运动前30～60分钟以及运动后，这样可以充分发挥肌酸的作用，运动前服用可快速补充能量，运动后服用是为了充分利用肌细胞对肌酸的吸收能力，以便快速补充。

尽管许多健身者及运动员都曾服用过肌酸，但科学使用肌酸需要注意两大问题：

(1)补充充分的水和糖。在服用肌酸期间，每天应补充足够的水以保证细胞水合作用的进行，防止使用肌酸后出现肌肉发紧、发僵或痉挛等副作用。如果不补水将会影响肌细胞的水合作用，进而影响增肌的效果。

(2)肌酸应和糖一起服用，因为糖引起的胰岛素水平的升高加快了肌细胞对肌酸的吸收。实验证明，肌酸和糖同时使用，对体重增加和力量增强作用更强。

针对国外在运动训练中应用肌酸的最新趋势以及国内对肌酸使用中存在的实际问题而最新研制的复合肌酸，将肌酸与糖、磷酸盐合理搭配，具有提高肌酸的利用率，增加体重，提高运动能力等优点。

2.适宜的激素水平

肌肉的生长需要适宜的激素环境。人体内有三大促合成激素:胰岛素、生长激素和睾酮,只有这三种激素处于较高水平时,肌肉蛋白的合成才较为顺利。

(1)刺激生长激素释放:谷氨酰胺可刺激生长激素、胰岛素和睾酮的分泌,使肌体处于合成状态。

(2)刺激睾酮的产生:选择内源性刺激睾酮分泌的营养品。

(3)刺激胰岛素分泌:补充充足的碳水化合物有利于促进胰岛素的分泌。

问题三:运动后疲劳难以恢复

运动营养对策:补糖并及时补充抗氧化剂

研究显示,在运动后的两小时内,身体合成肝糖的效率最高,两小时后则恢复到平常的水准,因此如果在运动后迅速补充糖类,就可以利用这个高效率时段,迅速补充体内消耗的肝糖。运动后进行蛋白质补充时,乳清蛋白是比较好的选择,因为运动后体内合成蛋白质的速率会提高,此时消化快的乳清蛋白可以迅速提供氨基酸,作为合成蛋白质的原料。

另外,运动时产生的大量的自由基会主动攻击肌体组织,番茄红素具有的强效抗氧化性能可杀灭自由基,减轻它们对身体的伤害。它能缩短肌体的恢复时间,缓解肌肉酸痛,减缓疲劳、增强免疫力。常见的抗氧化剂主要有番茄红素、维生素 C、维生素 E、β 胡萝卜素、锰、硒。

抗氧化剂的主要作用有:减小自由基对肌体的伤害,加速肌细胞的恢复。

番茄红素是食物中的一种天然色素成分,最近在国际上很流行,其抗氧化力比维生素 E 强 100 倍;具有增强免疫力、抗衰老、保护心血管,保护低密度脂蛋白免受氧化破坏;降低癌症的发生等重要作用。

问题四:减脂缓慢

运动营养对策:增强肌体代谢率,提高脂肪燃烧速度,控制饮食热量摄入。

近年来,肥胖人群增长迅速,形势严峻。国家统计局和卫计委的数据显示:

(1)2015 年我国成人超重率为 30%,肥胖率为 12%,人数分别约为 4 亿和 1.6 亿。

(2)儿童肥胖率已达 9.6%,应引起高度重视。

(3)1992—2002 年 10 年间成人肥胖率上升了 97%,超重率上升了 39%。

下面详细列举有利于瘦身的运动营养食品:

(1)乳清蛋白

研究表明:摄取足量的蛋白质能够提高肌体的新陈代谢水平,会使人体每日多燃烧 150～200 千卡的热量。同时蛋白质主要由氨基酸组成,肌体消化蛋白质要比消化脂肪及碳水化合物燃烧更多的热量,乳清蛋白是一种低脂肪、低胆固醇的优质蛋白质来源,可以有效减少饮食中脂肪的摄入量,加快肌体代谢速度,同时其一大优势在于可以有效防止减肥时将有利于保持体形的“瘦体重”也一同减下来。所以,乳清蛋白已经被许多减肥健身人群作为一种减肥食品所推崇。

(2)膳食纤维

膳食纤维具有较强的吸水功能和膨胀功能,可使人产生饱腹感并抑制进食,对肥胖人群有较好的调节、减肥功能,可帮助女性瘦身塑形。魔芋是科学界目前已知的分子量最大、黏度最高的膳食纤维,主要成分为魔芋葡苷聚糖,作为一种可溶性的膳食纤维,魔芋有很好的减重作用。

目前,适宜于减肥者补充的膳食纤维食品主要有:含有丰富膳食纤维的减肥饮料和膳食饼干。在进食之前或饥饿时补充,可以减轻饥饿感,有效控制食量,大大减少热量的摄入。

(3)左旋肉碱

这是一种类似维生素的重要营养物质,对促进体内脂肪燃烧发挥重要作用。左旋肉碱是脂肪代谢过程中产生的一种酶的组成成分,能够作为脂肪酸运输的载体,以乙酰基左旋肉碱的形式将中长链脂肪酸从细胞线粒体膜外转移到膜内,在线粒体基质中氧化,产生能量。肉碱的充足,有利于脂肪的顺利运输,由于运动时所需能耗增加,补充肉碱可以加速脂肪燃烧,从而达到消耗体脂的效果。

在人体内可少量合成,红肉及动物产品是肉碱的主要食物来源,而一般人只能从膳食中吸收 50 毫克,对于许多节食减肥者来说,每日的肉碱摄入量就更少了,所以许多人即使运动量较大、饮食控制得较好,减肥效果仍然不好。左旋肉碱配合有氧运动,可以大大加快脂肪燃烧的速度,达到瘦身的效果。

郑重提示:切忌使用含有麻黄素的产品。

(4)乳钙

近几年田纳西大学的迈克尔·泽摩尔博士提出饮食中的钙参与决定能量是以脂肪的形式储存还是燃烧释放。他认为饮食中高水平的钙能显著地抑制生成脂肪的机制,改变分解脂肪的速度。当减肥者进食高钙饮食时,尽管他们摄入的热量与原来相同,他们的脂肪也会显著减少。2003 年 1 月美国《营养杂志》刊载的一项研究也指出:凡是每日饮(食)用 3～4 次乳制品的女性与不食用奶制品者相比,其脂肪会多减少 70%以上。所以对减肥者来说,乳清蛋白、大豆蛋白及低脂牛奶、奶酪、酸奶、豆制品等由于含有丰富的钙质和较低的热量,都是减肥佳品。

第七章　全国健美冠军王宁的训练方法

南京“大胸王”王宁在健美界可以说无人不晓。王宁早年是一个体弱多病的大胖子。但他立志要当中国的阿诺德·施瓦辛格”,为此刻苦锻炼,勤奋钻研,一直战斗在健美第一线。现在他不仅是中国的重量级冠军,还得过香港国际大奖赛冠军;他更是一个热心的、卓有成效的健美事业的传播者。他在南京建成的“铁馆”很有影响力,不仅吸引了不少的健美爱好者前往训练,还培养了很多健美冠军。

冠军王宁面对面

M&P:你如何调动训练的激情?

王宁:我会把训练前的准备工作做得很充分。

例如:(1) 训练前的那顿正餐和训练前的营养补剂我都会吃得很专业。(2) 我训练前会休息半小时,这半小时我会做一些冥想,即给当天的训练做一些计划。我也经常通过在训练前看一些国外健美运动员的训练视频来刺激自己的训练情绪。(3) 每次训练时更换不同的服装和振奋的音乐也都是必要的。

M&P:你认为健美运动向人们传达了什么?

王宁:健康和积极向上的生活态度,以及永无止境的追求。

M&P:比赛中,输和赢对你有什么影响?

王宁:我也有过非常在意输赢的时候,但现在即使输了比赛,我也没有特别不开心,因为我的健美乐趣在于不断地超越自己。输了证明自己确实还有一些值得改进和提高的地方,以后的训练我会更加努力,不断地给自己上升空间,不断地提高自己,不断地学习,让自己更加完善。健美主要体现一种精神,而不只是体现一时的辉煌。

M&P:赛季和非赛季你的生活有什么不同?

王宁:我在非赛季和赛季的生活区别不大,我的非赛季生活也很自律,除了偶尔应酬,基本每天都吃标准的健美餐。平时太放纵,会长过多的脂肪,赛季时就会很辛苦,并损失更多辛苦得到的肌肉,得不偿失。

M&P:你认为训练中什么最重要?

王宁：训练中最重要的是充分热身，动作标准和重量安全，一旦受伤就会对训练有很大的影响。

健美圈的很多朋友都叫我"大胸王"，可能是因为我的胸部肌肉比较突出吧。但是现在这同样也是我的缺点，因为胸部过于发达，其他部位显得略差一些，造成比例不是很匀称。所以，现在我要加强弱势部位，尽自己最大的努力使比例更加匀称。下面我要分享一下自己胸部的训练经验。

如果要增加胸部的体积，应多练推的动作，尤其是平板杠铃卧推、斜板杠铃推举，最好把这些动作放在训练的开始阶段，这样就有足够的能量进行大重量的训练。

如果要美化胸部的形状，应该多练哑铃的动作，比如哑铃飞鸟、哑铃卧推，我喜欢用同样的重量把哑铃飞鸟和哑铃卧推组合在一起练，先做飞鸟，等到快做不动时，再改成卧推，直至力竭；如果要加强胸部的分离度，刻画胸部的线条，应该多练一些夹胸的动作，比如大飞鸟机夹胸、蝴蝶机夹胸或者各种器械夹胸。

练习下胸最好的动作，我认为是撑双杠，这个动作我会下放到很低，尽量拉伸胸部然后不要完全撑直，否则会练到三头肌多一些。

从各个角度刺激胸部，除了头两个增大体积的动作，后面的动作应该经常改变。

增加体积的动作次数应控制在 6～8 次，美化形状的动作次数控制在 8～12 次，以加强分离度。刻画线条的动作次数控制在 15 次左右。

M&P：*你是如何不断地度过训练的瓶颈期的？*

王宁：我会经常变换训练的计划、动作、强度和模式，并寻找更能激励自己的训练伙伴来突破平台期。

M&P：*你有没有什么独到的训练方法？*

王宁：我在多数情况下都是采用数据训练法，在训练时会记训练日记，把一些复合动作设定在 6～12 次的次数。在此次数的基础上逐渐增加重量，可以不断取得进步。

M&P：*你会一直练到老吗？对你的徒弟们想说些什么？*

王宁：我相信自己会一直练到老，我最佩服的两位健美运动员就是杨新民和张萍老师。他们对健美的坚持精神一直感染着我。我的徒弟有很多，其中有陈迎新、赵洋、王雷、曾宣广、顾园、陈传宝、韩建鸥、周存斌、杨成等知名运动员。我想对他们说：如果喜欢这项运动，就要坚持下去，不要太在意成败得失，最需要关注的是如何超越自己，将健美进行到底，我会永远支持你们！

王宁的饮食和训练计划见表 7-1、7-2。

表 7-1　王宁的非赛季饮食计划

王宁的非赛季饮食计划
第一顿(9:00):8 个蛋白、1 个蛋黄、1 根香蕉、100 克麦片、1 勺乳清蛋白加豆浆、餐后服用 1 粒 CLA、1 粒复合维生素
第二顿(12:00):250 克牛后腿肉、200 克米饭、适量蔬菜、随餐饮用 1 杯维 C 泡腾片冲泡的饮料。训练前 30 分钟(13:30):2 勺氮泵增肌液
第三顿(15:30):2 勺乳清蛋白、5 克谷氨酰胺、5 克 BCAA、1 根香蕉
第四顿(16:00):250 克鸡胸肉、200 克米饭、适量蔬菜
第五顿(18:30):250 克牛排、150 克红薯、适量蔬菜
第六顿(21:00):200 克虾仁、1 个馒头、1 个西红柿
第七顿(23:00):200 克金枪鱼、少量生菜和水果
第八顿(睡前):50 克缓释蛋白

表 7-2　王宁的训练计划

周一		
动作	组数/组	次数/次
股四头肌		
深蹲	4	8～15
哈克深蹲或剪蹲	4	8～15
腿屈伸	4	5～30
股二头肌		
直腿硬拉	4	25～30
俯卧或站姿腿	4	8～15
腿弯举	4	8～15
腹肌		
团身起坐	4	25～30
悬垂或仰卧举腿	4	8～15
不包括 1～2 组的热身		
周二		
胸部		
平板卧推	4	6～12
上斜板卧举	4	6～12
三合组		

续表

仰卧飞鸟	4	12
双杠臂屈伸	4	12
绳索十字夹胸	4	12
肱三头肌		
绳索下压	5	12
俯身哑铃臂屈伸	4	12
小腿		
负重提踵	6	15～20
有氧运动	25 分钟	
周三		
背部		
颈前下拉	4	8～12
反手杠铃划船	4	8～12
T 形杆划船	4	8～12
坐姿划船	4	8～12
山羊挺身	4	20
肱二头肌		
杠铃弯举	4	24
腹肌		
团身起坐	4	25～30
坐姿收腹举腿	4	50
有氧运动	25 分钟	
周四	休息	
周五		
肩部		
站姿颈前	4	6～12
杠铃推举	6	5～8
坐姿哑铃推举	4	8～12
侧平举	4	12～15
俯身飞鸟	4	12～15
斜方肌		
杠铃耸肩	4	8～2
哑铃耸肩	4	8～12

续表

小腿		
坐姿提踵	4	15～20
有氧运动	25 分钟	
不包括 1～2 组的热身		
周六		
肱三头肌		
V 把绳索下压	4	12～15
仰卧臂屈伸	4	8～12
坐姿哑铃举	4	8～12
后臂屈伸	4	8～12
肱二头肌		
托臂杠铃弯举	4	8～12
哑铃交替弯举	4	8～12
集中弯举	4	12-15
腹肌		
绳索负重卷腹	4	15～20
悬垂举腿	4	20～25
有氧训练	25 分钟	
备注:王宁在训练后都会进行 10 分钟的肌肉拉伸，在训练开始后，他也会在进行每个动作前，对该动作全锻炼的部位进行拉伸训练。		
周日	休息	

第八章　健美大师阿诺德·施瓦辛格对全身肌肉训练的建议

一、胸部

阿诺德·施瓦辛格曾八次获得“奥林匹亚先生”称号，他对身体各部训练的建议我们应该尊重并付诸实践。阿诺德对胸部的训练计划如表 8-1 所示。

表 8-1　胸部训练计划

序号	动作	组数/组	次数/次
1	卧推(热身)	1	20～45
2	卧推	5	20～6
3	上斜杠铃卧推	5	10～15
4	平板哑铃飞鸟	5	10～15
5	负重双杠臂屈伸	5	15

说明：每组逐渐增加重量，并减少重复次数。

尽管这一训练计划包括了较高的重复次数，但阿诺德依旧会使用尽量大的重量，来促进胸部肌肉最大限度地生长，他通常遵循金字塔原则逐渐增加重量，并减少每组的重复次数。他还经常使用仰卧直臂上拉训练，他感觉这个练习可以增大胸部和延展胸廓。

除了超级组技术，他还经常进行强迫次数训练，以及静力性收缩训练，或是顶峰收缩训练，在每次动作的顶点，努力挤出肌肉，他会进行所有的能增加强度的训练。

二、背部

并不是只有近期的健美运动员才想要练就如罗尼·库尔曼和多里安茨那称宽厚、厚实和轮廓清晰的背部。阿诺德、弗兰克·哥伦布以及他们同一时代的其他健美人都知道，在发展双肱二头肌时，背阔肌的宽大延展度是获胜的首要条件。

当阿诺德训练背部时，他不只是仅仅将重量提升到一个要求的水平，他还集中意念，做想象充分的意念训练。他也许并不是做得最好的，但他绝对是最佳的意念训练者。在做高位下拉训练时，他想象自己把整个天空都拉了下来，而不仅仅是将横杆拉到上胸部的位置。当他做硬拉时，他想着杠铃杆的两端不是铃片，而是巨大的星球。的确，这一意念训练非常抽象，然而它却十分有效。

阿诺德相信训练背部的最好方式就是训练它的所有区域——外侧、上部、中部和下部，并用一个爆发性的动作来结束本次训练，就像硬拉和抓举训练一样，它们可以轰击背部的所有肌肉。

在每个背部动作训练之后，阿诺德总会在一个稳固的器械上进行单臂或双臂的背部充分拉伸训练。他指出这一拉伸帮助他实现了超强且全面的背阔肌，并保持了上半身超强的柔韧性和灵活性。

当他想要轰击自己的下部背阔肌时，他总是使用一个较窄的握距进行引体向上，直臂下拉和任何形式的划船训练。对于阿诺德来说，当他在台上做转体展背动作时，下背部对于背肌的展示显得十分重要。

阿诺德将这一背部训练与胸部训练组合起来，进行胸背超级组训练，每周 3 次。阿诺德对背的训练计划见表 8-2。

表 8-2　背部训练计划

序号	动作	组数/组	次数/次
1	宽握引体向上	5	15～8
2	T 形杠划船	5	10～15
3	俯身杠铃划船	5	10～15
4	宽握引体向上	5	12
5	杠铃硬拉	3	6～10

说明：每次逐渐增加重量，并减少重复次数。

三、肩部

阿诺德曾经承认自己的肩部是上半身全面发展所缺失的一环。“一个男人拥有着厚实、宽阔的肩膀，这会让他更有安全感和更加自信。”这就是为什么有如此多的健美运动员花费大量精力，使用更多动作训练肩部。而你也不必惊讶于有一个肩部动作是以阿诺德名字命名的——阿诺德推举。

在阿诺德健美运动生涯的早期，三角肌是他上半身最为薄弱的部位。因此，阿诺德对自己的肩部进行了不倦的改造，他训练三角肌所有的三条束——前、中、后。他赢得了 1967 年英国伦敦的宇宙先生大赛，这标志着他肩部发展的巨大胜利。三年后 1970 年的宇宙先生大赛，他又击败了自己的偶像雷格・帕克，这仍旧要归功于他刻苦训练而获得的强大双肩。他那宽阔高耸的肩膀让他卓然不群。

乔・韦德有一次问阿诺德：“人们的肩架结构对他们肩部的发展起多大作用？换句话

说，有些人生来就有好的骨架条件，而有些人则没有。那些条件好的人就可以赢得比赛。而条件不好的人就只能接受失败的命运吗?”阿诺德坚定地说:“任何人通过专业和特殊的训练后，都能增加至少5厘米的肩部宽度。”

在他的肩部训练中，阿诺德总是从不同的角度去锻炼三角肌的三条束。

阿诺德开始练习使用95磅重的哑铃，热身后减少10磅重量接着做，按此方式，直到以55磅的重量作为结束。每次减重之间没有休息，每个重量均做6次。重复侧卧在一个斜板上做动作。

当阿诺德训练肩部时，他总是尽量少地安排杠铃的动作。他解释说，在他的卧推和上斜推举训练中，三角肌已经从多个角度得到了足够的训练。

此外，如果同时训练肩部和手臂，他会先进行肩部训练，因为他的三角肌通常比较薄弱，所以必须在它们还很有劲儿时优先轰击它们。

在阿诺德的训练中，斜方肌从未被忽视过。他一般将自己的斜方肌与三角肌放在一起训练。

阿诺德肩部训练计划见表8-3。

表8-3　肩部训练计划

序号	动作	组数/组	次数/次
1	杠铃高翻接推举(热身)	1	20～30
2	阿诺德推举	5	6
3	俯身侧平举	5	8～10
4	俯卧侧平举	5	12
5	拉力器侧平举	5	12
6	哑铃交替前平举	3	12

四、肱三头肌

阿诺德54厘米的大臂围度尽管主要归功于他那极度吸引眼球的肱二头肌，但阿诺德早就意识到肱三头肌的重要性。在他训练的早期阶段，阿诺德总是将更多的注意力放在肱二头肌上，不久他就开始觉醒，并努力追寻更加巨大的肱三头肌。他通过像窄握卧推和负重双杠臂屈伸等多关节动作来强力轰击肱三头肌。同时，他还以传统的绳索下压和仰卧臂屈伸等动作来获得更强壮的肱三头肌。

就像胸部与背部的训练一样，阿诺德也经常将对肱二头肌与肱三头肌的训练结合，进行超级组合训练，尽管这一训练主要发生在比赛之前。这就是韦德训练法则中的一条重要原则——同时训练一对对抗肌群对肌肉的发展非常有益。他的赛前训练中通常包括五个令人痛苦的超级组动作组合，每个动作结合做五组，之后还要进行五个超级组的小臂训练。如果想要增加肌肉的围度他会每周做两次；如果想要肌肉的清晰度，他会每星期做三次这一超级组训练。

对于这一具有超级强度的训练，阿诺德不建议初学者使用，即使是那些高水平的训练者也要在确保安全的情况下谨慎使用。

仰卧臂屈伸，是一个打造巨大肱三头肌的超级动作。

阿诺德相信，如果想要增加手臂的围度，就必须增加体重。他说每增加 5 千克的体重，大臂围度可以增加 2.5 厘米左右。而为了实现这样的体重增长，必须在每天的通常饮食外增加 1 500～2 000 卡的热量摄入。

他做动作的通常方式是在被动的下降阶段减慢动作的速度，而在动作的主动上升阶段，他会爆发性地加快动作的速率。这会给他带来一个“双重的好处”，并促进肌肉的最大化增长。

在他职业生涯的大部分时间里，阿诺德经常使用很大的训练强度，每周训练手臂 2～3 天。更夸张的是，他会花费 1～2 小时来单独训练自己的肱三头肌。阿诺德的肱三头肌训练计划见表 8-4。

表 8-4　肱三头肌训练计划

序号	动　　作	组数/组	次数/次
1	窄握卧推	5～6	6～8
2	绳索下压(试组合器)	5～6	6～8
3	仰卧臂屈伸	5～6	6～8
4	哑铃俯身臂屈伸	5	6～8

五、肱二头肌

《传奇》一书的作者迪克·泰勒曾这样描述阿诺德第一次进健身房时的感受：他被德国版的《健美者》杂志上雷格·帕克的照片深深震撼和鼓舞着，年轻的阿诺德看着健身会员们举着重量，并努力地记住他们所做的动作，好让自己和朋友们在家里照此方法训练，当时有四个他最喜欢的手臂动作：欺骗式杠铃弯举和佐特曼弯举，绳索下压和窄握卧推，在那一时期，拥有粗壮的手臂更让年轻的阿诺德感兴趣。当阿诺德到达美国之前，他甚至从没见过牧师凳，他相信这一训练器械可以用“超级组”来训练肱二头肌，并让他超越斯科特等前辈。阿诺德还采用美国运动员的训练系统，且利用了解剖学等先进学科的巨大潜能，他获得了两次奥林匹亚先生。

阿诺德的肱二头肌训练计划见表 8-5。

表 8-5　肱二头肌训练计划

序号	动　　作	组数/组	次数/次
1	杠铃欺骗式弯举	6～7	6～8
2	上斜或坐姿哑铃弯举	6～7	6～8
3	牧师凳弯举	6～7	6～8
4	俯身集中弯举	5	6～8
5	前臂	5	8～10
6	杠铃反握弯举	5	8～10
7	反握牧师凳弯举	5	8～10
8	杠铃腕弯举	7	10

六、腿部

在阿诺德早期的岁月里，他的腿部训练主要掉进了两个圈套之中：忽视腿部训练和乔·韦德称之为尚古主义的思想。前者就是在他早期的健美生涯中，年轻的奥地利人从不训练自己的双腿。在他意识到下半身的重要性之后，阿诺德开始全身心地投入到疯狂的腿部训练之中。他甚至在将近一年的时间里，每天都训练自己的腿部，每天进行 10 组深蹲、10 组腿弯曲练习。然而，结果并不令他满意。

他复古的腿部训练方式最值得大家探讨和反思，泰勒曾经对这种方式做了详细的描述：阿诺德与自己的那些健身朋友们将杠铃等健身器械装到卡车上，并开到乡间树荫的空地上。接下来他们就在这片空地上开始疯狂的腿部训练，从上午直到下午，之后他们休息一阵子，喝啤酒，然后回去接着深蹲。那么他们是如何进行训练的呢？方法很简单——他们挑选一个训练动作，并不断进行着该动作的重复练习，直到再也做不动为止。

当乔出现在他身边时，阿诺德就将这种早已过时的训练方法与啤酒一道扔进了垃圾桶。韦德感觉阿诺德的腿部虽然粗壮，但却缺少清晰度和细节。他亟须更换自己的腿部训练计划。

阿诺德同意这一观点，改正了原来的训练方案，并制定了表 8-6 中的腿部训练计划。

由于训练股二头肌的器械非常少，因此阿诺德会专注于使用一个器械来完成大量的组数。

阿诺德经常将自己的股四头肌训练分成两个部分，第一部分是在早晨做三个大腿动作，第二部分是在晚上最后做 1 个或 2 个腿部动作。这确保了每个动作都以最大的强度完成。

不管他腿部的训练强度有多大，阿诺德始终让每组动作之间保持较短的休息时间，一般不超过 1 分钟。这可以创造一个称为“冲刷”的巨大功效，保证在整个训练过程中，腿部供血最大化。

有时他会在两个股四头肌训练动作之间(在颈前深蹲之后,腿举之前)做腿弯曲练习。在给大腿的前侧肌肉短暂的休息之后,他会在训练的最后做更多的股二头肌训练。

表 8-6　腿部训练计划

序号	动　作	组数/组	次数/次
1	杠铃深蹲(后蹲)	5	8
2	颈前深蹲(前蹲)	5	8～10
3	腿举	5	10
4	腿屈伸(股四头肌)	5	10
5	俯卧腿弯曲(股二头肌)	8	10

七、腹部

腹肌从来都不是阿诺德的最佳部位。他生来既不拥有令人羡慕的细腰,也没有像弗兰克·赞恩那样的六块腹肌,但是他身体中部的核心区域也从来不是一个薄弱的部分,这是因为他是一个欺骗大师。仔细观察他的动作、造型,你会发现大多数情况下,他都会侧着身体,将上半身扭转过来并朝向镜头或裁判。这一技巧制造了他拥有更细腰身的假象,是他比赛时一项最重要的竞争策略。

他还向任何基因缺陷发起挑战,他使用超极限的高强度技术进行训练,包括很多动作和超高的重复次数。他还敏锐地发现饮食控制在减少腹部脂肪方面扮演着主要角色。

阿诺德认为腹部的训练应该每天都做(我们通常不建议大家做如此多的腹部练习),如果他想要在短时间内改善自己的腹部形态,他甚至偶尔会进行一天两练的腹部超级训练。

他通常在训练的最后做腹部练习,在小腿训练之后,他对那个认为需要特别关注的身体部位进行充分刺激,以带来全新的发展。

阿诺德对自己腹斜肌的训练比较节制,因为他怕过于强壮的腰侧肌肉会增大自己的腰线,训练该部位时,他主要通过肩扛一副杠铃做体转动作来刺激腹斜肌。

阿诺德更注意对自己下部腹肌的训练,那通常是人们的弱点。

阿诺德的腹部训练计划见表 8-7。

表 8-7　腹部训练计划

动　作	组　数	次　数
悬垂举膝	3	25～50
罗马椅仰卧起坐	4	25～30
仰卧举腿	3	25～30
扭转卷腹	3	50
背屈伸	3	15
坐姿屈腿	4	25～50

八、小腿

你可能与阿诺德一样对自己的小腿很不满意。小腿通常都比较瘦小，因此他会做更多努力去改变。他具有唤醒它们的强大动力，有针对性的小腿训练计划最终让他获得了成功。阿诺德一直在和自己的小腿进行交流，通过各种方式刺激小腿，并观察它们的反应。这是他取得成功的先决条件。“小腿与任何其他肌肉都不一样，每天它们好像都拥有着不同的心情。”他说。“我有时会穿鞋，有时会光脚做提踵练习，这很怪异，但效果不错。”

“现在我告诉大家一个私人秘诀，通过2～3组的练习，你就可以知道小腿的个性与心情。这样我就可以知道当天将采取哪种方式来对付它们。小腿将会告诉你这一切，而你只需要给它们一次讲话的机会。它们将说出自己的心情，它们有其他肌肉所没有的特殊大脑。”

对于小腿训练，阿诺德不会使用太多的训练花样。在如此顽固的小腿面前，任何训练技术都是平等的——高重复次数、低重复次数、超短组间歇(15～30秒)、超级组等等。

与大多数身体部位相比，他通常在自己的小腿动作中做全程练习——下降直到小腿完全被拉伸，而上举时又做到脚尖几乎直立。然而，他偶尔还会做整组的部分次数训练，这可以让他使用更大的重量；有时他也会在全程训练的最后，做一些快速的部分次数练习，这可以让他继续超越自己的力竭点。阿诺德的练小腿计划见表8-8。

表8-8 小腿训练计划

序号	动作	组数/组	时间/秒
1	坐姿提踵	4～5	20～25
2	骑人提踵	4	15～30

参考文献

[1]全国体育学院教材委员会.举重[M].北京:人民体育出版社,1991.

[2]裔程洪.力量训练法[M].北京:北京体育大学出版社,2017.

[3]全国体育学院教材委员会. 健美运动[M].北京:人民体育出版社,1991.

[4]郭廷栋.竞技举重运动[M].北京:人民体育出版社,1990.

[5]科尔塔诺夫斯基. 健美动作大全[M].陈庆树,裔程洪,译.北京:中国国际广播出版社,1989.

[6]王则珊.青春健美秘诀:家庭健美指导[M].北京:北京体育大学出版社,1991.

[7]裔程洪. 形体健美大全[M]. 河北:河北科学技术出版社,1996

[8]体育院系教材编审委员会本书编写组.举重[M].北京:人民体育出版社,1985.

[9]唐思宗,杨世勇. 健美与健美操[M]. 成都:成都体育学院,1991.

[10]杨世勇.身体训练[M]. 成都:成都体育学院,1985.

[11]高楚兰.体育与健康[M].北京:北京体育大学出版社,2017.

[12]林仲英. 举重练习法[M].北京:人民体育出版社,1954.

[13]万德光.现代力量训练法[M].北京:北京体育学院出版社,1987.

[14]杨世勇,唐照华. 体能训练学[M]. 成都:四川科学技术出版社,2001.

[15]钱光鉴,杨世勇. 举重经典[M].山东:山东电子音像出版社,2008.